AF598855

La résistante

Maëlle Le Roux

La résistante

LE LYS BLEU
ÉDITIONS

ISBN : 979-10-422-0979-7

À la mémoire de Dominique

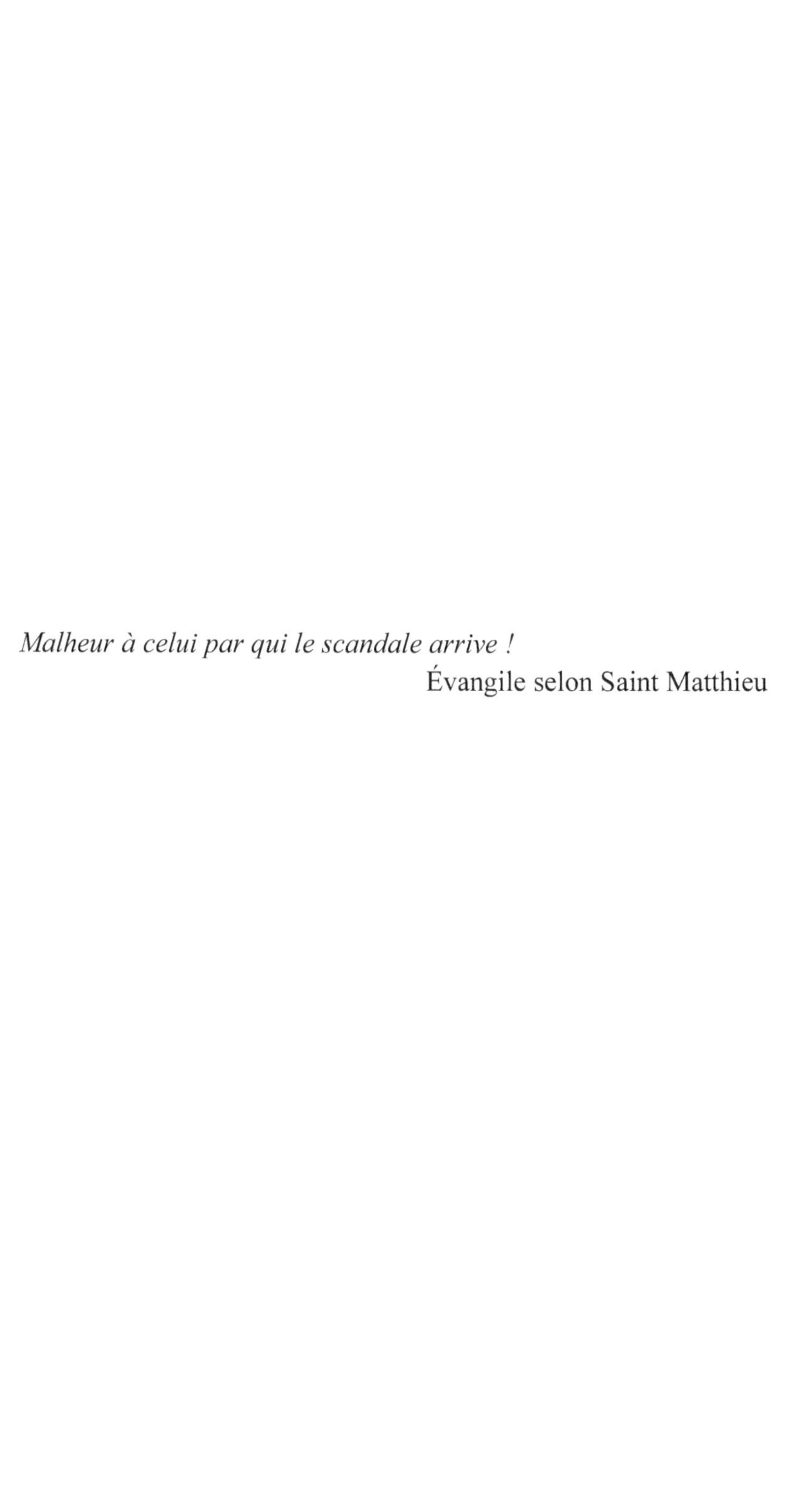

Malheur à celui par qui le scandale arrive !

Évangile selon Saint Matthieu

Chacun a vécu sa guerre. Ma mère, dans son village, en zone occupée. Fait prisonnier dès le début du conflit, mon père passa sa captivité en Autriche jusqu'à l'arrivée de l'Armée russe. Pour mes

parents, la Seconde Guerre mondiale fut comme la première, une guerre contre les Boches.

Deux ans après la fin du conflit, le monde reste meurtri, violent, intranquille. C'est le début de la Guerre froide, de nouvelles alliances, de rapports de force toujours tendus, souvent menaçants. Des grèves agitent la France.

Je pousse mon premier cri dans une clinique de La Rochelle, au début d'un été très chaud, le jour anniversaire de l'Appel lancé par le général de Gaulle sept ans plus tôt.

Paul et Madeleine deviennent parents d'une petite fille qu'ils prénomment Odette.

Ma mère est une *guerrière*. Elle a combattu toute sa vie, elle combat encore, même si son champ de bataille se cantonne désormais à l'intérieur de sa tête. Elle n'est pas sentimentale. Ce qui la meut, c'est l'emprise qu'elle peut avoir sur les autres. C'est une stratège. Elle est très inventive : elle a l'art de mettre en scène des histoires dont j'ai souvent été l'héroïne.

Ma mère a toujours aimé chanter. Il lui arrive de chanter encore, accompagnée.

Elle possédait un répertoire très varié de chansons françaises, mais elle affectionnait les cantiques et les chants patriotiques ou militaires. Elle connaissait tous les couplets de la Marseillaise. Elle entonnait avec conviction Maréchal, nous voilà, et poursuivait avec le Chant du Départ ou le Chant des Partisans. Elle nous apprit la Carmagnole.

C'était le rythme, la mesure, l'atmosphère de combat qui comptait, plus que la Cause.

Mais elle ne nous chantait pas l'Internationale.

Certaines chansons comme Que sera, sera, la mettaient hors d'elle, celles qui parlent d'amour, sans référence à Dieu.

Elle m'écrivait de très belles lettres, quand j'étais en vacances, alors éloignée d'elle, et quand plus tard nous ne vivions plus sous le même toit, des lettres idylliques où à leur lecture un inconnu n'aurait pu qu'envier la relation qui nous unissait.

Elle contait sur un ton très intime, complice, le plaisir qu'elle avait eu à me voir. Elle contait sa maison ouverte aux nombreux amis qui venaient leur rendre visite et qu'elle accueillait si bien. Elle avait un plaisir authentique à recevoir ceux qui passaient, des cousins, des amis de longue date qui de loin ou de près partageaient ses idées, mais parfois des personnes très différentes, comme de jeunes ouvriers marocains qui vénéraient en elle la mère qu'ils avaient laissée au pays puisqu'ils l'appelaient maman. Elle se montrait alors extrêmement familière et généreuse. C'était quelqu'un d'enjoué, elle pouvait être très drôle, on ne s'ennuyait pas avec elle.

Ma mère était aux yeux de tous une personne exemplaire. J'entendais de toute part et depuis les premières années de ma vie que j'avais une *maman merveilleuse*.

Mais derrière cette assurance et cette sérénité se trouvait l'envers du décor.

Ma mère était au centre de deux cercles. Le premier, étroit, qui l'entourait, le cercle privé, avait sa limite extérieure, sa frontière, avec un second, plus large, et en lien avec le monde des autres, les personnes qui partageaient ses croyances religieuses, mais qui n'étaient pas toujours aussi combattantes qu'elle.

Je me situais sur les deux cercles : complètement immergée dans celui qui l'entourait, le cercle privé, je débordais sur le second. Frontalière, je passais sans arrêt d'un monde à l'autre.

Dans le premier cercle, j'étais *l'ennemi à combattre*, dès que mon altérité se manifestait. Mais je n'étais pas *l'ennemi à abattre,* car le combat aurait alors pris fin et le conflit étant ce qui l'animait, il devait durer.

Mais dans le second cercle, la violence qui existait entre nous devait être occultée au profit de l'image d'une relation idéale. Je devais ressembler à Camille et Madeleine, les Petites Filles Modèles de la Comtesse de Ségur, avec mes anglaises et les petites robes brodées qu'elle me faisait.

À travers moi, il lui fallait séduire. À travers moi : si l'une de ses amies, à la sortie de la messe, avait l'idée de dire : « oh ! qu'elle est jolie ! » au lieu de « oh ! quelle jolie robe ! », elle s'empressait de répondre : « Ne dites pas ça, vous allez la rendre orgueilleuse ! »

Ma mère se voulait encensée pour ses doigts de fée qui dans le privé se transformaient en doigts de sorcière. Elle cherchait à être *la maman d'une jolie petite fille*, elle devait être *l'unique destinataire du compliment.*

Elle a quatorze ans quand elle rencontre l'abbé C.

Ayant refusé de partir faire des études à Bordeaux, elle entreprit un apprentissage de couturière, mais cela ne la comblait pas. Elle voulait donner une autre dimension à sa vie. L'abbé allait lui proposer une mission qui serait d'entraîner les jeunes filles de son village à devenir de jeunes femmes modèles, à renoncer à leurs désirs, à se sacrifier aux autres et avant tout à Dieu ; en quelque sorte, à aller vers une annihilation d'elles-mêmes.

Elle prit très au sérieux cette mission qui lui allait comme un gant, elle n'attendait que cela. Ce qui est remarquable, c'est tout ce qu'elle a déployé pour la mener à bien. C'est son acharnement, sa passion, son intolérance.

Elle avait quatorze ans. Elle n'avait que quatorze ans ! Elle a impressionné l'abbé.

La plupart des filles de son village recevaient une éducation religieuse, mais elle s'était édifiée sur l'Adoration que son père avait pour elle.

Félix, jeune homme, était un joyeux luron. Cela transparaît dans le cahier qu'il a rédigé de ses Mémoires. Il y évoque un certain nombre de filles qu'il décrit dans des situations souvent cocasses et picaresques, où il semble se retrouver par hasard. Il évoque *leur* comportement, donnant une image vertueuse de lui-même.

Il a rencontré Angèle, ma grand-mère, très tôt. Elle lui inspira immédiatement des projets matrimoniaux. Elle était un modèle de vertu : discrète, introvertie, entière, intègre, fervente chrétienne, une femme très sensible, une parfaite épouse pour Félix qu'on peut tout à fait croire quand il écrit qu'ils ont attendu le mariage pour que chacun prenne possession de son bien.

Le récit de ses Mémoires était destiné *à sa fille.*

J'ai trouvé ce cahier par hasard, il y a trois ans, dans le fond d'une armoire. Il a été commencé le deux février 1969, le jour de ses quatre-vingt-quatre ans et terminé quelques mois plus tard. Mort en 1973, mon grand-père aurait donc pu transmettre le récit de sa vie à son fils. Il semble qu'il ne l'ait pas fait.

Félix était croyant et allait à la messe. Dans les fêtes, il était recherché pour ses talents de conteur et pour sa fantaisie. Il pouvait mettre une petite touche d'érotisme dans les conversations et n'était pas insensible au charme féminin.

À l'avoir écouté, entendu, vu et enfin à le lire, je ne doute pas qu'il ait été heureux avec sa femme, les quarante-quatre ans que dura leur vie commune, je l'ai vu souvent pleurer après le décès de son Angèle.

Mais il y eut le départ de Madeleine, sa fille tant aimée. Il écrit sa tristesse de se séparer d'elle au moment de son mariage, au terme des vingt-huit ans passés avec eux, ses parents.

La famille était clivée : le père et la fille, solaires. La mère et le fils, dans l'ombre. Il existait d'autres clivages : les deux belles-mères ne s'entendaient pas. La grand-mère Salmon, une femme très pieuse, emmenait régulièrement ses petits-enfants à Lourdes, elle était soucieuse de leur épanouissement spirituel. La grand-mère Pastoureau, se retrouvant veuve très jeune avec trois enfants, deviendra une cuisinière réputée, officiant dans les grandes maisons de La Rochelle et côtoyant du beau monde.

La grand-mère Pastoureau était beaucoup plus matérialiste que la grand-mère Salmon, elle gagnait bien sa vie, avait pu s'acheter une maison, et comblait ses petits-enfants de cadeaux. La tante Jeanne, sa fille, vivait aussi à La Rochelle, avec un mari alcoolique et leur fils Pierre. N'ayant pas eu de fille, elle offrait à sa nièce des robes, des boucles d'oreille et d'autres accessoires féminins. Ma mère, petite fille et adolescente, avait donc l'habitude de recevoir des cadeaux.

Ma grand-mère Angèle est morte quand j'avais six ans, je l'ai donc très peu connue. Je garde juste l'image d'une petite vieille aux cheveux blancs et tout habillée de noir. Âgée d'environ cinq ans, je lui dis un jour :

— Quand maman sera morte, j'aimerais que Madame Devaux soit ma nouvelle maman.

— Ne dis plus jamais ça, me répondit-elle, tu lui ferais beaucoup de peine.

Cette Madame Devaux était la mère d'une petite camarade d'école. La mienne m'était déjà devenue insupportable et j'avais choisi sa propre mère comme confidente !

Je me souviens de son décès. Mes grands-parents étaient venus passer quelques jours à la maison. Ma grand-mère, qui souffrait d'hypertension, a fait un accident vasculaire cérébral, une congestion cérébrale comme on disait à l'époque. Elle est partie en vingt-quatre heures.

Je me souviens de l'atmosphère très fervente de la veillée mortuaire, des prières prononcées autour de son lit et du chagrin de mon grand-père. Ma mère porta le deuil, se vêtit de noir puis de gris pendant un certain temps. C'était mon premier contact avec la mort ; je dus embrasser le visage blanc et glacé de ma grand-mère. Cela ne m'effraya pas ; mon lien avec elle n'était sans doute pas assez fort pour que j'aie un chagrin à moi. Ce qui me touchait, c'étaient les larmes de mon grand-père.

Le père d'Angèle était charpentier de navire et sa mère faisait des journées ; ils vivaient à La Rochelle. Devenue veuve, la grand-mère Salmon s'installa au Gué et quand mes grands-parents ouvrirent leur épicerie, elle vint aider sa fille dans les tâches de la maison. Les deux femmes, très proches, partageaient la même ferveur religieuse. Angèle, c'était l'intime, le dedans, la réserve, la modestie. Félix, le dehors où il était apprécié pour sa gaîté.

Sur leur enfance, les versions de ma mère et de son frère sont très différentes.

« Nous n'avions pas beaucoup d'argent, mais nous étions heureux. Nous n'avons jamais manqué de l'essentiel. Le samedi, quand papa revenait de La Rochelle, il ramenait à chacun sa revue, moi c'était la Semaine de Suzette et Lisette, maman, la Veillée des Chaumières, Ernest, Le petit Journal, et l'Illustration pour lui et chacun se mettait à lire ».

Voilà ce que disait ma mère qui garde un excellent souvenir de ces soirées en famille.

Une fois par semaine, mes grands-parents offraient un repas aux institutrices et aux pensionnaires de l'école libre, toute proche, avec le poisson ramené de La Rochelle. Ce devait être leur contribution au financement de l'institution.

Alors que mon oncle disait qu'ils avaient souffert de la faim et que son père échouait dans tout ce qu'il entreprenait. Est-ce l'amertume qui lui a dicté ces propos, l'amertume d'être dans l'ombre d'une sœur qui éblouissait leur père ?

Ce dernier menait sa barque avec une âme d'artiste. Amasser ne l'intéressait pas, ce qu'il souhaitait, c'était mettre sa famille à l'abri du besoin, l'ouvrir sur l'extérieur à travers des livres et des revues, et surtout être heureux avec sa fille ainsi qu'avec sa femme, la gardienne du foyer. Ernest avait la portion congrue. Il devait avoir faim d'un père qui ne le voyait pas. Il s'était replié vers sa mère.

Ma grand-mère avait été façonnée par sa mère et par les sœurs de son école, celles de Saint Vincent de Paul, pour être une épouse attentive à son mari et une mère éduquant religieusement ses enfants. C'était une élève modèle, intelligente et sage. Elle fit un apprentissage de lingère et ses enseignantes la voyaient bien devenir contremaîtresse dans un atelier. Mais ses parents préférèrent la placer dans une maison bourgeoise où elle resta de quatorze à vingt et un ans, jusqu'à son mariage. Elle s'occupait du linge, mais surtout des deux enfants de la jeune maman dont la sœur était la dame de la maison où Félix était entré comme homme à tout faire. C'est dans un parc de la ville que mon grand-père croisa la petite bonne à peine plus haute que le landau qu'elle poussait et qu'il en devint immédiatement amoureux. Elle avait quatorze ans, il en avait dix-sept.

Angèle, très estimée, resta sept ans dans la même maison où elle prit soin des enfants de ses maîtres. En matière d'éducation, elle avait donc de l'expérience quand elle s'est mariée en 1909.

La première petite fille, mort-née en 1911, fut appelée Marguerite-Marie, en l'honneur de Sainte Marguerite-Marie, une religieuse du XVII siècle qui avait eu des apparitions. La seconde, Marie-Marguerite, naquit en 1913, vécut six mois et mourut d'une bronchiolite.

La troisième, ma mère, arriva le vingt-cinq décembre 1918 et fut appelée Madeleine, c'était le prénom de la petite fille dont Angèle s'était occupée pendant des années. Ernest naquit fin 1920. Puis un autre petit garçon, Jean, vit le jour en 1925, mais mourut à l'âge de trois mois.

J'imagine ces deux couples : Angèle et Ernest, Angèle, en deuil de ses deux Marguerite, puis du petit Jean, et Ernest, transparent pour son père, se consolant l'un l'autre et Félix et Madeleine débordant quotidiennement de la joie de leur rencontre…

Félix faisait vivre les siens matériellement. L'épanouissement et l'élévation spirituels revenaient à Angèle et à la grand-mère Salmon.

C'étaient deux valeurs sûres. Il y avait chez ces femmes une grande intégrité, on ne transigeait pas.

Eustache et Mathilde avaient trois enfants : Félix, mon grand-père, Jeanne et Emmanuel. N'ayant pas de travail, ils partirent à la ville et laissèrent leur fils aîné aux grands-parents paternels. Ils revinrent quelques années plus tard cultiver les terres d'un oncle, mais Eustache mourut brutalement. Félix, âgé de onze ans, retourna chez ses « braves vieux ». Mathilde partit se placer à La Rochelle.

Il existe deux versions de la mort d'Eustache. Celle que j'ai toujours entendu raconter est qu'il avait succombé à une agression dans un bois où des détrousseurs l'avaient attaqué pour lui voler sa montre. Alors que mon grand-père écrit que son père est mort d'une crise cardiaque sans mentionner la moindre agression.

Son grand-père, sacristain, était un homme un peu fantaisiste qui s'enivrait parfois. Le curé du village enseignait à Félix des rudiments de latin, pensant qu'il irait peut-être un jour au séminaire. L'instituteur, profondément laïc, patriote, voyait un successeur possible chez ce petit garçon doté d'une grande intelligence, d'une vive curiosité et avide d'étudier.

Mais sa mère préféra l'introduire dans une riche maison de La Rochelle qui employait des domestiques. Félix, qui rêvait d'être militaire, se voyait au service de ces familles en attendant d'avoir l'âge d'entrer dans l'Armée. Il était profondément patriote comme beaucoup de garçons de l'époque.

Mais il y eut la maladie ou l'accident – le plus grand flou règne sur le sujet –, qui fit qu'il se retrouva définitivement avec une jambe raide. Il nous racontait qu'à la suite d'un bain nocturne avec des copains, il avait perdu brutalement l'usage d'un genou et qu'on l'avait plâtré, alors que dans son écrit, il évoque une crise de rhumatisme articulaire aigu. Il dut renoncer à entrer dans l'Armée, ce fut le drame de sa vie. Il ne pourrait pas offrir à son Angèle l'image d'un valeureux militaire.

Ayant hérité de l'esprit citadin de sa mère, il se fit commerçant ambulant au bout de quelques années de mariage. Il collectait des œufs qu'il allait vendre à La Rochelle et ramenait poissons et fruits de mer. Il fit d'abord les trajets sur un âne, puis s'acheta un cheval et enfin une voiture. Et bien plus tard, il ouvrit son épicerie. Il était trop généreux, disait mon père, pour réussir vraiment dans son commerce.

J'ai entendu, de sources différentes, qu'il avait eu des aventures avec des femmes lors de ses tournées. Conteur, mon grand-père pouvait s'inventer dans un sens comme dans un autre, en fonction des personnes rencontrées. Il a transmis ce don à sa fille…

Et il y a cette étrange histoire avec sa cousine Alma, cousine issue de germains avec laquelle il va vivre une grande amitié. Le père d'Alma, « très avare, sauf pour sa fille » est un propriétaire terrien aisé et souhaite avoir pour gendre quelqu'un qui vienne du même milieu. Félix n'est donc pas un bon parti. Il le sait depuis le départ. Mais pendant des années, il entretiendra un lien avec Alma, la *cousine* Alma. Il écrit qu'ils s'aimaient comme un frère et une sœur, mais au dos des cartes postales qu'elle lui envoyait de ses nombreux voyages, les messages sont tendres, romantiques, passionnés alors qu'Angèle existait déjà comme fiancée.

Tout aurait pu s'arrêter là. Alma et son mari exploitant agricole étaient devenus *les cousins de Saint-Médard*, un tout petit village du sud du département. Mais ils étaient sans enfant et un beau jour, ils vinrent demander à mes grands-parents l'autorisation d'adopter Madeleine qui deviendrait la demoiselle de la maison et qui hériterait plus tard de leurs biens. Ma mère à peine âgée de quatorze ans se retrouva chez eux où elle s'ennuya très vite et demanda à ce qu'on mette fin à l'expérience.

Mon grand-père se garde bien d'évoquer cette histoire dans son récit. C'est ma mère qui en parlait. Ma grand-mère, qui avait déjà perdu deux filles, aurait accepté que la troisième lui soit enlevée !

Dans ce projet mis en acte, Alma volait la fille de Félix et d'Angèle. Comment mon grand-père a-t-il pu répondre à une telle demande, lui qui adorait sa fille ? Comment a-t-il pu accepter d'être dépossédé de sa petite reine ? Et pourquoi ma mère, si volontaire et si têtue, a-t-elle accepté de partir là-bas ?

Le mari désirait avoir un héritier ou une héritière et le couple proposa cet étrange arrangement. Madeleine tenta l'expérience, mais sut dire que cela ne lui convenait pas. Coincée au milieu de *ses* terres, attendant sagement l'arrivée d'un gentleman-farmer quelques années plus tard, elle serait devenue la cousine de ses parents…

La rencontre avec l'abbé C. a dû se faire peu après. Madeleine voulait devenir une femme d'exception. Elle répondit à l'appel de l'abbé qui lui confia la mission de guider les jeunes filles vers Dieu dans le cadre de la Jeunesse Agricole Catholique Féminine.

Elle avait quelque chose à défendre, il existait une menace. Elle aimait passionnément ce père pour l'amour qu'il lui portait. Elle pleurait, le soir, quand il rentrait avec un peu de retard. Redoutait-elle que quelqu'une le retienne au-dehors ? Et il y avait cette mère énigmatique avec laquelle il dormait dans le lit d'en face.

Leur lieu de vie était une pièce rectangulaire assez grande. De l'épicerie, on y accédait par une porte. À droite, c'était la salle à manger dont la fenêtre donnait sur une petite cour ouverte sur la rue. La table au milieu, la cheminée en face et plaquée contre le mur de droite, la grande et belle armoire, celle dans laquelle on raconte qu'un prêtre célébrait clandestinement la messe pendant la Révolution. À gauche de la porte, je revois la chambre avec les deux grands lits. Tous dormaient dans la même pièce.

Si Félix était extraverti et bon vivant, Angèle restait très affectée par la perte de ses enfants. Que se disaient-ils une fois couchés ? Que faisaient-ils ?

Dans la plupart des chaumières de cette époque, on manquait d'intimité, cette situation était banale, habituelle. Ce qui la rendait unique, c'était la qualité, la nature du lien de chacun avec les autres et avec lui-même.

L'un des traits de ma mère est sa capacité d'observation : encore actuellement, aucun détail ne lui échappe. Centenaire depuis trois ans, elle a gardé un œil et une oreille que tout le monde lui envie et elle fait des commentaires et souvent des critiques sur la façon de s'habiller des uns et des autres. Je l'ai toujours connue ainsi. Elle a dû acquérir cette aptitude très tôt.

Un autre trait plus curieux est d'affirmer, dès qu'on évoque un sujet, une situation, un lieu ou une personne, qu'elle sait aussi bien que nous, voire qu'elle savait, qu'elle connaissait la chose depuis bien plus longtemps. Elle affirme ainsi une *omniprésence* et une *omniscience.* Et cela ne date pas d'hier. Elle entend tout, elle voit tout et elle connaît tout. *N'est-ce pas une définition de Dieu ?*

Aussi ai-je du mal à imaginer la petite Madeleine s'endormant paisiblement dans son coin tout près de ses parents…

Elle devait craindre qu'à l'extérieur, on lui fauche l'amour de son père. À la maison, ce dernier dormait avec Angèle, mais elle, Madeleine, régnait sur son cœur.

La Femme était la tentatrice de l'homme. Combien de fois me l'a-t-elle répété ?

La Femme, c'était l'Ennemi à combattre.

L'abbé C. est arrivé ! et avec lui, la Jeunesse Agricole Catholique Féminine. Prendre en main la JACF, c'était le moyen de combattre et d'abattre l'ennemi. Avec sa devise : *Voir, Juger, Agir.*

C'est à ce moment-là que la croisade a commencé pour ne jamais s'arrêter.

Elle aurait pu se contenter d'être pieuse et vertueuse, comme la plupart de ses amies.

Était-elle pieuse ? Certes, elle observait parfaitement les pratiques religieuses, mais elle n'avait pas beaucoup d'humilité, elle aimait à se donner en modèle, elle se voulait une référence. Elle n'était pas assez modeste pour être pieuse. Elle *utilisait* le religieux pour être visible.

Était-elle vertueuse ? Elle détenait le savoir sur ce qui était bien et ce qui était mal. *Le Mal, c'était penser à soi avant de penser aux autres, c'était ne pas accepter de se soumettre à la volonté de celui qui détenait la Vérité. Le Mal englobait la sexualité qui n'en était qu'un aspect.*

Ma mère ne passait pas inaperçue, elle aimait à se faire remarquer et quand elle pensait aux autres, les filles de son village, c'était pour les juger : elles étaient futiles, recherchaient les bals et les garçons et se moquaient de la religion.

Ma mère n'était pas vertueuse, *elle détenait le savoir sur la Vertu*. Et elle avait une mission : rendre les autres pieuses et vertueuses. Et la Loi, c'est elle qui l'incarnait du haut de l'estime qu'elle avait d'elle-même…

À quatorze ans, elle est partie en guerre contre la Femme.

Mon grand-père aimait la vie, passionnément. Et Madeleine débordait de vie, il se retrouvait en elle. Ma mère aimait l'amour qu'elle recevait de son père, Félix aimait l'amour qu'il recevait de sa fille et de sa femme, mais elle le voyait sensible au charme féminin.

Si elle perdait sa place de petite reine, elle serait comme toutes les autres… Alors, il fallait agir ! agir sur le danger potentiel et l'abbé C. est arrivé à point nommé. Et dans cette croisade, ma mère fut vraiment authentique.

Trouver un mari était une question de statut.

Elle vivait de l'emprise qu'elle exerçait sur les autres, elle jouissait de l'estime de ses aînés, ecclésiastiques très souvent, et de l'admiration de ses pairs et des plus jeunes. Tout cela faisait écho à l'image exceptionnelle que son père lui avait donnée d'elle-même.

Elle avait plutôt des soupirants que des amoureux. Elle visait un mariage sous le regard de Dieu qui avait dit : « Croissez et multipliez-vous ». Elle ne voulait rien savoir du reste. Le reste, c'était pour les filles de mauvaise vie, mais ces filles-là suscitaient son intérêt au plus haut point : il fallait les débusquer pour mieux les combattre, car elles étaient dangereuses. C'en était une obsession.

Il eut été humiliant pour elle de ne pas se marier : cela aurait voulu dire qu'elle n'était pas digne d'intérêt, que personne ne l'aurait choisie, honorée et aimée. À l'époque, le mariage était encore et pour longtemps l'avenir des femmes.

Les jeunes du village pensaient qu'elle épouserait Maurice, un militant comme elle. Mais il n'a pas déclaré sa flamme. Et elle n'a pas voulu de Gabriel quand il est rentré de captivité : il était agriculteur, veuf et papa d'un petit garçon. Et très croyant, il n'avait rien d'un militant.

Ce fut Paul Lemoine, un homme taillé sur mesure. Elle n'aurait pas à travailler et pourrait continuer sa mission tout en élevant les enfants que Dieu leur donnerait. Et Paul a pressenti qu'elle ferait une bonne épouse. Introverti, mais non moins militant, il enfourcha le cheval de sa guerrière…

Mon père écrit que le jour de leur mariage, elle était la star et lui le figurant. Ce fut un événement à la Gloire de Madeleine, un événement où tout se déroula dans la démesure. Dieu a veillé au grain : je suis née neuf mois après. Fille ! Comme elle, comme sa mère, comme ses grands-mères, si différentes l'une de l'autre, et comme la Femme à combattre.

Il ne fallait pas perdre de temps et confirmer mon statut *d'enfant de Dieu* : je serai baptisée trois jours après ma naissance et le premier geste de ma mère sera de me mettre sa chaîne avec sa croix en or autour du cou. À travers leur rapprochement physique, mes parents n'avaient été que l'instrument de la Volonté de Dieu.

On me donna pour marraine une femme dont la vie avait mal commencé. Colette et ses sœurs avaient grandi à La Rochelle auprès d'une mère qui recevait des hommes et à seize ans ma tante se retrouva enceinte d'un garçon qui voulait l'épouser, mais qu'elle n'aimait pas. Elle avait rencontré Ernest dont elle était tombée très amoureuse…

Cela fit l'effet d'une bombe, au Gué, dans la famille Pastoureau. Ma grand-mère s'alita pendant trois jours. Son éducation n'avait pas porté ses fruits ! son fils, si proche d'elle, s'était mal conduit. Mon cousin Jean-Claude naquit au début de l'Occupation. Ernest avait vingt ans. Il avait dit à son père que le commerce ne l'intéressait pas et commencé un apprentissage de mécanicien, mais il y eut la guerre et son mariage avec Colette. À la Libération, son beau-père le fit entrer dans la police où lui-même terminait sa carrière.

Mon oncle était sensible et réservé, il avait une âme d'artiste. Il jouait bien du violon. Plus tard, il réalisera des tableaux. Et pendant que sa sœur s'enflammait pour la bonne cause, il faisait des courses de vélo.

J'ai toujours senti chez lui beaucoup de rancœur muette. Il ne s'est jamais révolté ouvertement. Mais quand Félix a réparti ses quelques biens entre ses enfants, Ernest a floué sa sœur sous les yeux de leur père qui n'est pas intervenu et qui a même demandé à sa fille de ne pas faire d'histoires. Il fallait que chacun garde la place qui lui avait été assignée : Madeleine, la fille parfaite et sans reproche, qui n'hésitait pas à se sacrifier face à l'avidité de son frère Ernest.

Mon oncle devait être très amoureux pour décider d'épouser une jeune femme déjà enceinte d'un autre. Il eut à affronter une terrible tempête familiale et se retrouva face à l'immense douleur, l'immense déception qu'il faisait vivre à sa mère.

Dans son récit, Félix blâme les parents de Colette, mais il absout sa bru qui a eu la malchance de naître dans cette famille. Ma tante est belle, elle est franche et directe. Elle est très jeune. Elle quitte la maison de ses parents pour épouser l'homme qu'elle aime. Elle va s'attacher à ses beaux-parents, les estimer et sans doute les aimer.

Félix n'évoque pas la réaction de ma mère dans son récit. Le silence à ce sujet est probablement à la mesure du bruit et de la fureur qui ont dû faire trembler les murs de la maison. La guerrière n'a pas pu se taire ! Elle avait reçu en plein cœur la flèche de la honte ! Cette situation terrible était un exemple vivant, caricatural de ce qu'il fallait combattre.

Ernest aimait Colette, il n'aurait jamais supporté qu'elle le quitte, mais elle ne lui suffisait pas. Il y avait d'autres femmes, de nombreuses, paraît-il, mais cela ne changeait rien à l'amour inconditionnel qu'elle lui portait. Peut-être avait-il senti, quand il l'avait rencontrée, qu'il se l'attachait pour toujours…

J'ai donc eu comme marraine une pécheresse repentie. Ma mère, très proche de ses neveux pendant la guerre, veillait à leur épanouissement religieux, mais c'étaient des petits garçons et elle n'avait pas à leur égard la même obsession que celle qu'elle avait à l'égard des filles. Ma tante fut ravie d'être choisie, elle qui rêvait d'avoir une petite fille. Elle devenait un peu plus pour moi qu'une simple tante.

J'ai été une *enfant de Dieu.*

J'ai toujours entendu ma mère dire avec conviction qu'elle aurait aimé avoir une famille nombreuse. Petite, je la croyais : elle voulait sans doute lui offrir beaucoup d'enfants. Mais elle répétait que nous étions des bébés Ogino. La méthode Ogino, une méthode de contraception, très aléatoire, pratiquée par les catholiques, et dont nous étions les accidents.

Les études que Paul avait faites au séminaire avant la guerre lui avaient donné le niveau du baccalauréat et la possibilité de préparer une capacité en Droit. Il devint rédacteur dans le service de l'Inspection de la Santé, à La Rochelle où le couple s'était installé.

J'ai retrouvé des lettres écrites à ma mère, quelques mois après leur mariage. Très fatiguée, enceinte de moi, cafardeuse, insatisfaite de leur appartement rochelais, elle est retournée quelque temps chez ses parents. Il tente de la réconforter, il l'exhorte à suivre les conseils du médecin. Elle peut prolonger son séjour chez ses parents si elle le souhaite. Elle doit penser au petit être qu'elle porte en son sein. C'est la seule allusion à mon existence.

Ce sont des lettres attentives, affectueuses avec quelques lignes amoureuses et tendres à la fin, mais qui se terminent toujours par une référence à la Vierge Marie. La fantaisie, la légèreté sont absentes de ces lettres où des incidents, des conflits sans doute rapportés par ma mère sont relevés de façon allusive et prudente.

Je ne sais pas comment Madeleine vivait les belles paroles de son mari, ces pieuses paroles de directeur de conscience. Peut-être aurait-elle aimé qu'il s'agenouille parfois devant elle avec Dieu en toile de fond alors que l'idée de Paul était qu'ils s'agenouillent tous les deux, côte à côte, devant Lui comme dans l'église le jour de leur mariage.

Elle fut très blessée que mon futur père ne lui offre pas un bouquet de fleurs le jour de la fête des Mères alors qu'elle allait accoucher trois semaines plus tard !

Son mari n'était pas généreux et n'avait pas le sens de la fête. Paul n'était pas Félix.

Madeleine et lui auraient peut-être aimé attendre un peu avant d'être parents, mais selon l'expression de mon père, ils s'étaient *adonnés à la procréation* et Dieu en avait décidé ainsi.

Elle n'a pas pu me donner son lait : ma bouche lui a tout de suite provoqué des abcès aux seins. Ma bouche, le contact de ma bouche, mon corps de petite fille. Une enfant de Dieu ne devait pas susciter trop d'émotion chez la mère qui l'avait portée, elle devait être rendue immédiatement, dans l'urgence du baptême, à Celui qui avait voulu son existence. L'éducation religieuse commençait le jour de ma naissance, c'était l'âme qui comptait. Il fallait tellement se méfier des plaisirs du corps.

Je fus d'emblée confrontée à la violence de ma mère. Notre proximité soudaine la rendit folle et enflamma ses seins. À partir de mes trois mois, elle me tenait au-dessus du pot en attendant avec impatience que cela vienne… Elle voulait contrôler des manifestations corporelles qui lui étaient insupportables et indignes d'une enfant de Dieu. Je souillais tout. Je lui donnais beaucoup de travail, elle devait sans arrêt laver mes couches. Elle se plaignait du dos. Elle n'avait pourtant que vingt-neuf ans.

Dans son récit, Félix évoque peu le ressenti de ma grand-mère à l'arrivée de Madeleine. Comment pouvait-elle investir cette troisième petite fille qu'elle risquait encore de perdre ? Peut-être avait-elle espéré avoir un garçon ? Mon grand-père écrit combien sa femme était heureuse de lui avoir donné un fils deux ans plus tard.

Angèle avait idéalisé ses deux Marguerite et se retrouvait avec une petite Madeleine avide, bruyante, capricieuse et adorée par son père.

La grand-mère Salmon avait deux filles, Angèle, l'ange et Lucie, le démon.

Angèle était dans l'abnégation, dans l'effacement, elle devint une jeune fille vertueuse puis une femme de devoir. Lucie voulait tout pour elle, était grossière, insolente, méchante, dépensière. Angèle pouvait-elle craindre que Madeleine, dans sa vitalité, sa façon d'occuper l'espace devienne comme sa sœur Lucie ?

La proximité du corps de ma mère me donne le vertige. J'ai récupéré le non symbolisé maternel. Impénétrable, hermétique, impensable. J'ai essayé en vain de piocher dedans. Il surgit dès que je l'aperçois. Sa voix, son regard me plongent dans un espace insondable, où je tourne, je tourne sans pouvoir m'arrêter. Et la représentation de mon petit corps dans celui de ma mère m'est insoutenable. C'est du contre nature !

J'ai longtemps pensé que mes tout premiers moments avec elle avaient été heureux. Je suis maintenant certaine du contraire.

Il n'y a pas eu rencontre entre elle et moi.

Il n'y a pas eu rencontre entre elle et sa mère.

La grand-mère Salmon a eu un ange, ma grand-mère Angèle et un démon, la tante Lucie, Lucifer.

Je ne peux pas remonter plus haut.

Je pleurais beaucoup, surtout la nuit. Je prenais la nuit pour le jour, disait-on. Mais je pleurais aussi le jour. Le médecin lui dit qu'elle me couvrait beaucoup trop : il lui fallait cacher mon corps.

J'avais deux ans quand nous avons quitté La Rochelle pour Saint-Jean. On pensait que mon « nervosisme anxieux » allait diminuer, car on l'imputait à l'air iodé de la mer. C'était l'air de ma mère qui ne me convenait pas.

Matin et soir, j'étais immergée dans un bain de prières. « Petit Jésus, protégez mon papa, ma maman et tous ceux que j'aime... » C'est la première phrase qu'on m'a apprise, mais elle était beaucoup plus longue. Je fus immergée dans un bain de cantiques comme celui-ci :

« Petit Jésus, fils de Marie, venez, venez, entrez chez nous, c'est ma maman qui vous en prie… ».

J'ai encore l'air dans la tête. Les trois premiers mots que j'ai prononcés furent maman, papa, *zézu* !

J'ai marché à neuf mois, paraît-il, et je suivais n'importe quel inconnu, disait ma mère d'un air entendu. Un jour, elle aurait retrouvé une de mes chaussettes dans mes couches de bébé. Elle en déduisit que l'ayant observée alors qu'elle changeait sa serviette hygiénique, j'avais voulu faire pareil ! J'étais décidément une petite fille très précoce ! j'avais déjà l'esprit placé au mauvais endroit !

Étais-je une enfant de Dieu ou une enfant du Diable ?

Mais ce qui se grava en moi, pour toujours, fut l'accusation répétée de jeux sexuels avec mes poupées, d'abus sexuels sur mes poupées, sur mes enfants-poupées. Pour un tel crime, il n'existait qu'un châtiment : l'Enfer.

J'avais trois ou quatre ans. Je jouais tranquillement avec ma poupée dans la pièce où se trouvaient mes parents, baignée dans une lumière douce. Soudain, ma mère s'est dressée devant moi, m'a arraché ma poupée et un petit coton que j'avais dans la main en criant : « Qu'as-tu fait ? ».

J'avais fait quelque chose de mal. J'étais accusée d'avoir touché avec le morceau de coton l'entrejambe de ma poupée.

J'avais entre cinq et six ans. J'opérais tranquillement mon Jeannot du ventre – la veille, nous avions rendu visite à une vieille dame qui venait de subir ce type d'intervention –, j'avais fait un trait au crayon sur la paroi en celluloïd de mon baigneur, alors elle a surgi derrière moi en criant : « Qu'as-tu fait ? ». « J'opère Jeannot du ventre ». Elle me baisse ma culotte, regarde mon ventre, crie : « Tu as touché ton ventre avec le crayon, je le vois ! ». Elle hurle que Dieu va me punir et que j'irai en Enfer.

Elle était passée du ventre de mon Jeannot complètement asexué au mien, tellement plus intéressant. Jeannot était le prétexte. Demain, elle me conduirait dans ma classe et montrerait mon ventre à Mademoiselle Alain, ma maîtresse, et à mes petits camarades et ils verraient ce que je m'étais fait sur le ventre avec le crayon.

Dès que mon père a franchi la porte, elle lui a lancé mon crime à la figure. Son visage est devenu très dur, sa voix cassante. Je ne sais plus quels furent ses mots, les mêmes que d'habitude quand j'avais commis une faute.

Quand je me suis couchée, j'étais morte de honte, de chagrin, d'injustice, d'incompréhension, de solitude. La révolte commençait à sourdre en moi. Je savais bien que je n'avais rien fait de mal, je n'avais jamais rien fait de mal avec mes poupées, mais j'étais pleine de haine et je commençais à me révolter contre Dieu et c'était un crime impardonnable.

Pourtant, j'attribuai encore à mes parents une certaine clémence : le lendemain matin, ils auraient peut-être oublié. Que nenni ! On avait placé le martinet près de mon bol de chocolat. Ma mère m'emmena à l'école, mais ne chercha pas à parler à ma maîtresse.

Je relate ces deux histoires orchestrées par ma mère, histoires à travers lesquelles surgit l'insupportable, l'irreprésentable pour elle d'une relation intime entre une mère et sa petite fille. Ce n'étaient pas des histoires sorties de nulle part, le quotidien de mon enfance fut peuplé d'anecdotes, d'incidents qui allaient tous dans le même sens : *j'étais celle par qui le scandale arrive*. Une enfant du diable, qu'il fallait *dresser*, c'était le terme employé par mon père. J'étais surtout une enfant harcelée, persécutée par les obsessions de ma mère.

Elle me disait *terrible,* c'était son expression, inlassablement répétée. C'est mon enfance qui le fut. Terrible.

J'ai un souvenir plus ancien, tellement ancien qu'il est sans contenu. C'est une histoire sans paroles, presque sans images. À l'origine d'un malheur irrévocable, je me retrouve dans une position de condamnée, entre mes deux parents dans l'air épais et glauque d'une petite pièce.

Dans les mêmes temps, on me fit faire ma communion privée avec un an d'avance, car j'étais mûre, j'entends encore le mot échangé entre ma mère et la religieuse, cela signifiait que j'étais mieux que les petites filles de mon âge puisque j'étais prête avant elles à recevoir le petit Jésus dans mon cœur. Mes parents, ma mère surtout, n'avaient donc pas renoncé à faire de moi une enfant de Dieu. Alors, tantôt je me sentais une enfant de Dieu, tantôt une enfant du Diable, beaucoup plus souvent une enfant de ce dernier. Mais il fallait que *j'aie l'air* d'être une enfant de Dieu, digne fille d'une mère hors du commun. Alors j'ai été embrigadée dans les « Messagères du Christ », dans les « Croisées de l'Eucharistie ». Ce qui se résumait à être abonnée à des brochures que je ne lisais pas, j'étais déjà tellement plongée dans un monde de bondieuseries !

Dès que je la contrariais, ma mère voulait me moudre ! *me moudre* ! *j'allais la faire mourir !* et il ne fallait pas grand-chose pour la contrarier ! C'était une histoire à rebondissements. La vie était, entre elle et moi, un combat qu'il fallait faire durer. Elle était inventive, je devais l'être aussi : cela faisait partie du jeu. C'est ainsi que sans le savoir, dans un réflexe de survie, *je suis entrée dans la Résistance et j'ai géré dans la clandestinité l'Occupation de mon monde interne.*

En grandissant, j'ai délaissé les objets du délit, les poupées avec lesquelles j'avais une relation maternelle, duelle, de mère à fille. Mon grand-père m'avait fabriqué une maison en contre-plaqué que j'avais installée sous la table de la chambre qu'il occupait quand il était chez nous. Avec un étage et des cloisons, cela faisait quatre pièces. Je l'ai peuplée d'une fratrie de petites poupées dont j'étais à la fois le père et la mère. L'aînée devait mesurer une quinzaine de centimètres, les bébés en caoutchouc, quatre ou cinq.

J'avais pris modèle sur une famille que je connaissais et dans laquelle les parents me paraissaient aimer leurs enfants. Pourtant, pourtant, c'étaient des catholiques fervents. La fratrie s'allongeait chaque année, entre le père et la mère existait quelque chose que je ne trouvais pas chez les miens. Tous ces enfants-là n'étaient pas que des enfants de Dieu, certes, ils étaient baptisés, mais c'étaient des enfants de l'amour.

Alors, j'ai importé cette famille dans mon espace de rêve. J'ai aménagé cette maison, je l'ai décorée, j'ai mis des couleurs, j'ai fabriqué des meubles, des lits, des étagères, un électrophone, des pochettes à disques. J'importais dans ma petite maison chaque nouveauté que je découvrais chez eux. L'aînée de la fratrie était dans ma classe et comme moi allait aux Jeannettes. Nous étions copines plus qu'amies, elle était très sage, beaucoup plus que sa sœur cadette avec laquelle je me sentais plus d'affinités.

J'avais peuplé ma maison d'enfants dont l'âge s'échelonnait, un peu comme chez eux. Mais ma fratrie de poupées avait une particularité : ces petits baigneurs de celluloïd que j'avais ramassés ici et là avaient déjà été malmenés, cabossés par la vie, leurs corps abîmés, ceux qui étaient en caoutchouc un peu moins, mais ils étaient plus petits, c'étaient des bébés dont il fallait prendre soin. Tous avaient connu la misère et j'imaginais une immense solidarité entre eux. Et je chérissais tout ce petit monde.

Je leur avais donné un nom : c'était la famille Martel. Je ne connaissais personne qui s'appelait ainsi. J'ai pensé beaucoup plus tard que Martel pouvait être une déformation de « Marre d'elle ».

Je passais beaucoup de temps assise en tailleur devant ma maison de poupées. Ma mère n'était jamais très loin, mais mon dos faisait écran, elle ne pouvait pas voir à l'intérieur, mais elle devait faire son inspection en mon absence. Cette activité ne fut pas l'objet de menaces : elle ne mettait pas en scène une relation duelle mère bébé.

Elle s'amusait à voir comment j'essayais de réparer mes poupées, elle me donnait du tissu pour leur faire des petits vêtements, parfois elle m'aidait à les coudre ou me donnait des conseils. Et puis cette maison, c'est son père qui l'avait fabriquée.

Il y a une quinzaine d'années, je lui ai demandé ce qu'elle était devenue. Elle fit une drôle de tête puis me dit que mon père l'avait brûlée quand nous étions en Seine-et-Oise, car il me trouvait trop grande pour continuer à jouer avec. J'étais sidérée, mais il n'était plus là pour répondre. Non satisfaite, je suis repartie à la charge peu après. « La petite armoire ? Elle est là ! »

Mon grand-père m'avait aussi fabriqué une armoire pour les vêtements de mes poupées.

« Non ! la maison de poupées ! papa ne l'aurait jamais brûlée ! »

« Je ne vois pas de quoi tu parles ! »

Je n'ai pas insisté. Ma mère avait l'habitude de donner mes jouets à des enfants qu'elle estimait plus malheureux que moi. J'ai retrouvé tous les enfants Martel au fond d'un vieux berceau : ils étaient sans doute beaucoup trop moches pour être donnés. Durant trois ans, j'ai fait vivre une famille magnifique au sein de laquelle j'ai mis bonheur, amour, harmonie et solidarité.

Cela voulait dire que j'avais une représentation du bonheur et de l'amour, que je pensais que cela existait. Mais pas pour moi. Il fallait les mériter. Depuis toujours, m'avait-on dit, tout était écrit dans le Grand Livre de Dieu le Père. J'étais maudite et j'irais en Enfer. Les réactions de mes parents me le confirmaient chaque jour. J'étais née mauvaise, je n'avais pas eu de chance.

Très tôt, dans l'urgence de trouver des réponses apaisantes, j'ai lu la Bible la nuit en cachette, car mon père m'en avait interdit l'accès, à cause de l'histoire de Loth, m'avait-il dit, sans autre explication. Je découvris que Loth avait couché avec ses filles, avait-il peur que cela me donne des idées ? Alors que je m'identifiais au malheureux Job. Je détestais le Dieu de l'Ancien Testament, tellement fort que je le traitais de tous les noms. J'étais coupable de sacrilège, le pire des péchés, le seul que Dieu ne pardonnait pas.

Quelques années plus tard, je continuerais à chercher des réponses dans d'autres livres de sa bibliothèque, mais que ce soit Pascal ou Liebnitz, ou d'autres, tous allaient dans le sens de la Prédestination. Et à l'école Sainte Ursule, l'aumônier qui était aussi l'exorciste du diocèse nous disait que le diable lui apparaissait derrière l'autel de la chapelle quand l'une d'entre nous avait péché. J'étais persuadée que c'était moi ! Mais je portais seule, terriblement seule, l'écrasant secret de ma damnation.

L'Enfer, c'étaient les atroces douleurs physiques produites par le feu, *éternellement*.

L'Enfer, c'était l'isolement total, la séparation, *éternelle*, d'avec ceux que j'aimais.

Ceux que j'aimais, c'étaient mes proches : une maman *merveilleuse*, un papa *sévère, mais qui m'aimait tellement,* qui me répétait combien ma maman était *merveilleuse* et qu'il allait me *dresser*, c'était mon gentil grand-père, qui trouvait lui aussi sa fille *merveilleuse*, c'était mon frère Vincent, et plus tard mon petit Marco.

J'étais insomniaque, terrassée par mes angoisses, face à moi-même, mais l'arrivée du jour m'apaisait. J'aimais ma vie à l'école. Enfin loin de ma mère, j'étais avide de connaissances, l'étude était une échappatoire, et mes excellents résultats gratifiaient mes parents. Pourtant, contre toute évidence, je m'attendais toujours à échouer, comme si je ne pouvais rien produire de bon. C'était l'effrayante image qu'on m'avait donnée de moi-même qui déteignait sur l'ensemble de ma vie. Mon anxiété manifeste ne les inquiétait pas, peut-être au contraire les rassurait-elle. J'allais à l'école libre comme tous les enfants de leurs amis. On diabolisait le collège, son laisser-aller supposé, son anticléricalisme…

J'avais un peu plus de deux ans lorsque ma mère m'a conduite au jardin d'enfants. Nous venions d'arriver à Saint-Jean. Mère Marie du Bon Secours était une jeune religieuse, ronde et colérique qui effrayait les enfants, mais je n'avais pas peur d'elle. Je suis restée dans sa classe pendant presque trois ans. Nous y avons acquis les bases de la lecture, de l'écriture et du calcul. Je me souviens du théâtre de marionnettes, des bûchettes de toutes les couleurs avec lesquelles nous réalisions de magnifiques tableaux sur nos petites tables. Elle s'intéressait aux dessins de ses bambins et elle avait fait part de son inquiétude à ma mère, car je faisais des maisons dans le vide. N'était-ce pas un signe d'anxiété ? On m'apprit aussitôt à tracer une ligne horizontale sous mes constructions et on n'en parla plus.

Elle-même aimait dessiner et avait demandé à mes parents l'autorisation de faire mon portrait. Il y eut donc un certain nombre de séances de pose. Quand la dernière maman était venue chercher son enfant, la religieuse m'emmenait dans sa chambre, tout là-haut. Je ne disais rien, partagée entre l'ennui de devoir rester immobile sur une chaise et la satisfaction de me sentir investie par elle. J'étais sans doute la petite fille qu'elle aurait aimé avoir et dont elle avait perçu l'anxiété.

La première maîtresse est un personnage qui compte beaucoup dans la vie d'un enfant. J'eus la chance de rencontrer Mère Marie du Bon Secours, la bien nommée.

À l'époque, à part Mademoiselle Alain et Mademoiselle Lafont toutes les enseignantes étaient des religieuses, des Mères, nous les appelions ainsi. Elles étaient peut-être une dizaine, en comptant celles qui s'occupaient de la cuisine et des tâches ménagères. J'avais plaisir à les observer, chacune était un monde unique, particulier. Une seule était très désagréable, acariâtre, peut-être parce qu'elle boitait.

Tout serait resté léger s'il n'y avait pas eu l'aumônier qui nous racontait tous les lundis matin son combat avec Satan. Il nous terrorisait avec ses récits. Nous savions toutes que c'était à cause de nos mauvaises pensées. Nous n'avions même pas besoin de commettre de mauvaises actions pour mériter l'Enfer, les pensées suffisaient… Pour moi, les menaces étaient les mêmes à l'école et à la maison, mais à l'école, elles surgirent beaucoup plus tardivement. L'aumônier était-il un illuminé ou cherchait-il à nous terrifier pour que nous restions dans le droit chemin ?

La peine d'Enfer est un crime gravissime qui laisse des séquelles définitives.

La peine d'Enfer, quand elle n'est pas démentie, est bien pire que la peine de mort.

Mes copines recevaient-elles des menaces elles aussi ? Je faisais le constat que la plupart des mamans n'étaient pas aussi violentes et intolérantes que la mienne…

J'avais moins de six ans quand j'ai fait ma communion privée. J'étais la plus jeune. J'étais souvent la plus ceci ou la plus cela, car ma mère adorait les records et comme elle s'appropriait tout ce qui venait de moi, elle deviendrait cette fois-ci la plus fervente des mamans, une maman exemplaire qui avait su pousser très tôt son enfant sur le chemin de la Foi. Je posais toujours beaucoup de questions et cela avait fait dire à mon entourage que j'étais plus mûre et plus sérieuse que les autres.

J'ai reçu le Prix de théologie à la fin de l'année ! Précocement, j'essayais de comprendre le monde dans lequel je vivais, je ne connaissais pas l'insouciance. Et avec mon regard angélique, mes belles anglaises entretenues chaque jour par ma mère, on m'aurait donné le Bon Dieu sans confession.

Mais la première communion était précédée d'une première confession qu'elle décida de préparer avec moi ! Elle me fit asseoir sur le canapé à côté d'elle et ouvrit son livre de messe au début duquel se trouvait l'inventaire de tous les péchés regroupés par thème. J'avais acquis la lecture très tôt. Le dimanche, à la messe, je m'ennuyais pendant le sermon du prêtre, alors je me plongeais dans le missel de ma mère. Dans les premières pages, j'avais déchiffré « Préparer sa confession ». Suivait la liste des péchés. Je m'étais arrêtée à « mauvaises pensées », « mauvaises actions », « mauvaises paroles ».

Qu'allait-il se passer quand ma mère et moi arriverions à ce chapitre ? C'était la période où j'avais été surprise en train d'opérer mon Jeannot.

Elle commença à passer mon comportement au crible : oui, j'étais désobéissante, oui, j'étais orgueilleuse, oui, j'étais gourmande... Voyant se rapprocher la rubrique des mauvaises choses, je me sentais de moins en moins bien. Mais ma mère sauta par-dessus en disant : « Ça, ce n'est pas pour toi ». J'étais soulagée, mais je n'y comprenais rien, vraiment rien.

Et c'est bien tardivement que j'ai compris. Pour ma mère, ma confession était destinée à l'aumônier autant qu'à Dieu. J'avais été jugée mûre et pieuse, plus que mes petites camarades, je n'allais quand même pas m'accuser de vilaines choses ! cela casserait mon image et donc la sienne. Les mauvaises choses, c'était du domaine privé, cela se passait à l'intérieur de la maison où on lavait mon linge sale en famille.

L'aumônier attendrait que nous soyons un peu plus âgées pour nous parler du Diable qu'il voyait derrière l'autel à cause de celle qui avait péché. Il avait en effet bien des raisons de croiser Satan à tout bout de champ, car il avait réveillé chez beaucoup d'entre nous l'attrait pour le fruit défendu. Il y avait une sensualité, un érotisme diffus qui n'étaient pas désagréables. Entre des problèmes de maths à résoudre circulaient des devinettes dont la réponse était toujours sexuelle. Nous n'avions pas peur de nos enseignantes, nous leur tenions tête quelquefois, jusqu'à une certaine limite, car nous les aimions bien. Ma vie à l'école était tellement plus légère qu'à la maison, mes journées tellement moins tourmentées que mes nuits ! mais même là-bas ma mère était présente avec des exigences insensées : aux beaux jours, j'avais ordre de mettre mon béret et ma veste dans la cour de récréation. J'étais la seule et quand je ne le faisais pas, elle arrivait à le savoir !

Sous tous ses aspects, mon corps était source de conflits entre nous. Chaque soir, elle me mettait des bigoudis roses en caoutchouc que je devais garder toute la nuit, ce n'était pas agréable, mais j'avais fini par m'y habituer. J'ai eu des anglaises pendant plus de dix ans ! et puis à un certain moment, mes cheveux se sont rebellés : ils refusèrent de se mettre sagement en boudins quand elle m'enlevait mes bigoudis ! alors elle est allée voir sa coiffeuse qui lui a conseillé de les tremper dans la bière avant de me mettre les bigoudis. À la gêne est venue s'ajouter l'odeur. Heureusement, le résultat fut désastreux et l'expérience de courte durée : elle dut renoncer à mon image de petite fille modèle et mit fin au supplice que j'avais toujours connu. En vacances, parfois, elle me faisait des tresses et je préférais les tresses aux anglaises. Les tresses, c'était quand on était chez d'autres ou en vacances, ce n'était qu'un intermède…

Tout a commencé en février 1959 pendant la préparation de la fête des Scouts. Chaque semaine, nous répétions les rôles, plus ou moins importants, qu'on nous avait attribués dans des petits spectacles que nous allions présenter sur la scène de la Salle municipale de Saint-Jean devant nos parents quelque temps plus tard.

Le scoutisme avait été introduit dans notre ville par des familles venues d'ailleurs et déjà engagées dans le mouvement. La troupe de Scouts vit le jour en premier, puis une ronde de Jeannettes et enfin une meute de Louveteaux. J'étais entrée aux Jeannettes un an plus tôt et bientôt les plus âgées dont je faisais partie formeraient une équipe de Guides.

J'étais très heureuse de faire partie de ce mouvement. J'y retrouvais mes copines, la plupart allaient à l'école Sainte Ursule. Nous avions deux jeunes cheftaines, très vivantes, qui nous proposaient des activités intéressantes.

Comme c'était un mouvement lié à l'Église, nous avions un aumônier, un jeune type très sympa, mais l'essence du scoutisme n'était pas que la pratique religieuse, c'était le dépassement de soi, la générosité, l'amitié, le plaisir d'être ensemble et d'apprendre à se débrouiller. Il n'y avait aucun prosélytisme. Il existait des Scouts protestants, son fondateur Robert Baden-Powell était protestant, il existait même des Scouts laïcs qu'on appelait les Éclaireurs de France.

Et j'aimais beaucoup me retrouver au camp, l'été, avec mes amies, dans des endroits magnifiques, en forêt ou non loin de la mer, j'aimais beaucoup les grandes balades que nous faisions et les jeux de piste et les feux de camp des veillées. Et surtout, surtout, étant loin de mes parents, je me réparais un peu. L'aumônier venait le dimanche faire sa messe en plein air, il déjeunait ensuite avec nous, riait et plaisantait, il n'était pas beaucoup plus âgé que nos cheftaines. Jamais, jamais, il ne nous menaçait de l'Enfer.

Nous préparions la Fête des Scouts. Nous nous retrouvions tous ensemble pour les répétitions des chants et des saynètes. Quand nous n'étions pas sur l'estrade, nous restions entre nous, à courir et à jouer dans cette grande salle un peu comme dans une cour de récréation.

Le lendemain d'une de ces répétitions, mon amie Geneviève me dit que Bruno, son voisin, voulait que je lui donne un rendez-vous. Je tombais des nues ! À l'époque, je recherchais plutôt une amoureuse qui soit aussi une maman et ce n'était pas facile à trouver. Mais donner un rendez-vous à un garçon, il n'en était pas question ! j'avais onze ans et demi ! Lui en avait deux de plus.

La troupe des Scouts devait mettre en scène une représentation de Don Quichotte à cheval sur sa Rossinante et accompagné de Sancho Panza. Le rôle de Don Quichotte était tenu par un grand échalas que je n'aimais pas beaucoup, car il était prétentieux, celui de Sancho Panza par Bruno. Je l'avais bien remarqué, ce nouveau, car il ne lâchait pas son harmonica. Je connaissais la plupart des jeunes, garçons ou filles nés et élevés à Saint-Jean dans des familles chrétiennes et scolarisés dans des institutions privées. Bruno arrivait de La Rochelle, il allait au collège public. C'était un beau garçon blond.

Malgré mon refus, Bruno, à travers Geneviève, revenait à la charge. Pendant les répétitions, il nous arrivait de nous regarder, furtivement. Dans la grande salle où je discutais avec mes copines Jeannettes, il passait parfois tout près de moi en jouant de l'harmonica. Cela dura quelques séances. Un tel acharnement me touchait, me troublait et me flattait et en même temps me faisait peur. J'étais déjà harcelée, malmenée par ma mère, avais-je besoin d'en rajouter en apportant de l'eau à son moulin en sortant avec un garçon ?

J'étais en cinquième, j'avais un an d'avance. Nous étions deux groupes d'élèves dans la classe. Il y avait celles qui passeraient en quatrième à la fin de l'année scolaire, et les autres qui allaient se présenter au certificat d'études. Ensuite, elles iraient au cours complémentaire pour étudier la sténodactylo ou intégreraient une école ménagère. Elles étaient plus âgées que nous, la plupart, d'origine rurale, se retrouvaient pensionnaires. Le samedi soir, elles allaient au bal de leur village et rencontraient des garçons dont elles parlaient entre elles dans la cour de récréation. Cela ne semblait choquer personne. Et nous, les plus jeunes, qui étions appelées à faire des études, nous avions bien la tête remplie de rêves et de désirs inavouables, nous avions le corps en émoi, nous étions à l'affût de tout ce que nous pouvions trouver à lire ou à regarder en cachette, mais de là à sortir avec un garçon…

Mon amie Geneviève continuait de me transmettre des messages de plus en plus pressants de son voisin qui me bousculait maintenant comme par inadvertance pendant les répétitions. Alors un soir, après une dispute violente avec mes parents qui m'avaient encore une fois menacée de me placer en maison de correction, je m'étais sentie tellement seule et blessée que j'ai pris ma décision de rencontrer Bruno.

Notre premier rendez-vous eut lieu devant la piscine encore fermée à cette période de l'année. Nous sommes arrivés chacun sur notre vélo que nous avons posé dans l'herbe entre la route et le petit ruisseau. C'est Geneviève et moi qui avions pensé à cet endroit, un peu éloigné et déserté à cette époque. Ma mère connaissait tellement de monde un peu partout dans la ville, mais pas dans ce quartier périphérique aux maisons vétustes, délabrées et envahies d'enfants.

Tout en marchant, il m'a dit qu'il arrivait de La Rochelle, mais sa famille était de l'est de la France. Nous étions arrivés près d'un énorme tas de morceaux de bois bien empilés, un énorme cube de trois mètres de côté. On s'est arrêtés. Il a sorti son harmonica et a commencé à en jouer.

— C'est quoi que tu joues ?

— « Diana », la chanson de Paul Anka, tu connais ?

— Non.

Alors il a chanté : « Oh please stay by me, Diana ! »

Il m'a dit qu'il pensait tout le temps à moi, qu'il voulait sortir avec moi. J'ai répondu : « mais on est trop jeunes, ça va faire des histoires… »

— Pas de problèmes avec mes parents, ils sont compréhensifs…

— Eh bien, les miens, c'est le contraire !

— Alors on se verra en cachette !

Il était tout près, face à moi, nos regards accrochés l'un à l'autre. Il m'a prise dans ses bras et m'a embrassée. Sur la joue. J'étais bouleversée.

— Bon, faut que je rentre ! attends que je sois partie, qu'on ne nous remarque pas ensemble !

Et j'ai enfourché mon vélo. J'étais sur un nuage. Soudain, ma vie avait un sens, ma vie sur terre… J'existais pour quelqu'un ! je n'en revenais pas… Bruno était grand et musclé, il avait un beau visage, des yeux clairs, une expression très sérieuse, presque adulte, Jean Gabin quand il était jeune…

C'est ainsi que tout a commencé. Notre histoire a été interrompue dix-huit mois plus tard quand ma mère, mes frères et moi avons rejoint mon père en Seine-et-Oise.

La chance était de notre côté : peu après notre première rencontre, ma mère s'est alitée. À travers des paroles qui ne m'étaient pas adressées, j'ai fini par comprendre qu'elle était enceinte et qu'elle devait se reposer pendant toute sa grossesse. Cette nouvelle fut une bénédiction. Non seulement elle ne pourrait pas me suivre à la trace, mais elle aurait besoin de moi pour faire des courses ! La complicité de Geneviève nous était précieuse ! Nos rencontres devaient rester clandestines.

Tous les mercredis soir, les Scouts se retrouvaient au presbytère pour la chorale. Sur le chemin de l'église, il y avait une petite place, un petit espace désert, avec un énorme buisson adossé au mur. L'endroit idéal pour nous cacher. On disparaissait complètement derrière. Sitôt la chorale terminée, on ne s'attardait pas à discuter comme les autres, on s'y rejoignait par deux rues différentes. On n'y restait pas très longtemps, je devais rapidement rentrer chez moi ! mais nous étions heureux, tellement heureux ! et puis un soir, au moment d'écarter le feuillage du buisson ardent pour nous y installer, nous avons entendu des grognements insistants : notre endroit était occupé et nous devions décamper ! nous étions désemparés et frustrés. Nous avons foncé à l'entrée d'une école toute proche. Le portail était ouvert, la loge du concierge était éclairée et il tournait le dos. Nous avons bondi vers la cour dans l'ombre du préau. Nous ne sommes pas restés très longtemps : nous avions peur qu'il ferme le portail pour la nuit. Nous l'avons aperçu debout devant sa loge. Nous avons décidé de foncer devant lui, l'un à droite, l'autre à gauche et de courir, courir… Il y aurait l'effet surprise, et que pourrait-il faire ?

J'étais rentrée plus tard que d'habitude, j'ai dit que j'avais discuté avec Geneviève. On ne m'a pas crue. Tant pis. J'étais surtout préoccupée par le fait qu'on nous avait pris notre petit nid où nous étions si tranquilles !

Quel bonheur ! Quelle aubaine que ma mère soit coincée au lit ! Adossée à des oreillers, elle faisait de la couture, et très souvent il lui manquait du fil, un galon, un crochet, des boutons... En rentrant de l'école, je devais aller à la mercerie chercher ce qui manquait et Bruno habitait à deux minutes du magasin. Alors j'enfourchais mon vélo... Près de chez lui, il y avait plusieurs petites rues étroites communiquant les unes avec les autres et qui nous abritaient le temps de quelques câlins.

Fin juin, il y eut la kermesse de la paroisse avec ses stands et ses jeux. Le lendemain soir, ma mère me convoqua dans sa chambre.

J'allais la voir dès que je rentrais à la maison, mais quand j'entendais : « Monte ! » en refermant la porte, ce n'était pas bon signe. Elle était tenue au courant de ce qu'il se passait dans la ville par les nombreuses connaissances qui venaient lui rendre visite et que je croisais souvent.

— On m'a dit que tu avais passé la journée avec un garçon hier à la kermesse. Je ne veux pas de ça ! Qui est-ce ?

— Je n'ai pas passé la journée avec un garçon ! qu'est-ce que c'est que cette histoire ?

— Un garçon blond. Qui est-ce ?

— Un scout. Nous avons fait équipe ensemble pour le rallye et nous avons gagné !

— Tu aurais pu le faire avec une de tes amies ! je ne veux pas que tu t'affiches avec un garçon !

— Je ne vois pas de mal à ça ! et j'étais aussi avec mes amies !

— Je t'interdis de revoir ce garçon ! tu m'as bien comprise ?

— Oui !

Et avant que je quitte la chambre, je dus répondre à un interrogatoire sur l'identité du garçon, ce que faisait son père, quelle était son école et quelle était son adresse. Je me prêtai au jeu, sauf pour son adresse, car c'était le voisin de mon amie Geneviève que ma mère n'aimait pas.

Je n'en revenais pas ! Nous avions fait équipe pour le rallye, mais dans notre comportement, rien, absolument rien ne pouvait faire penser que nous sortions ensemble et j'avais aussi passé du temps avec mes amies.

Cet été-là, j'allais à la piscine avec une jeune voisine accompagnée de sa mère qui lisait sur les gradins. Il y avait foule. Tout le monde sautait, plongeait, nageait, s'éclaboussait. C'était un méli-mélo des corps qui rendait chacun anonyme dans un bruit étourdissant. Pendant quelques secondes, je me retrouvais dans les bras de Bruno au fond du grand bassin. Puis je faisais bien sagement quelques longueurs.

Seule Geneviève savait. Je n'avais parlé de lui à personne. Certaines s'en doutaient. Il m'était arrivé de croiser l'une ou l'autre dans des endroits où je n'avais pas de raison d'être, me rendant à un rendez-vous, mais nous n'avons jamais été pris en flagrant délit.

Et à la maison, il se passait des choses inédites. Mes parents se faisaient la guerre ! D'habitude, à longueur de journée, ma mère récriminait et mon père protestait, c'était leur façon d'être ensemble, mais sur le fond, ils s'entendaient parfaitement. Cela faisait dix ans que Paul était économe à l'Hôpital de Saint-Jean. Il voulait progresser dans sa carrière. À plusieurs reprises, il avait présenté sa candidature à des postes vacants, mais sans succès. C'étaient des concours sur titres où les alliances politiques, syndicales avaient plus de poids que les qualités professionnelles du candidat.

Son idée était que nous puissions continuer nos études sans aller en pension. Le premier critère, le tout premier, était l'existence d'écoles libres allant jusqu'au bac dans notre nouvelle ville, une exigence – incontournable –, de notre mère, lui aurait tout à fait accepté que nous soyons scolarisés dans l'enseignement public. Nous avons ainsi échappé à la ville de Lourdes où il est arrivé en second à son grand dam à elle, mais à mon grand soulagement, car j'aurais sans doute passé une partie de mes loisirs à la grotte.

Et puis elle tombe enceinte, oui, tombe, ce n'était vraiment pas prévu. C'était fini, tout ça ! Passée la quarantaine ! Qui l'eût cru ! Mais qu'allait-on penser d'eux ? Et cela faisait une bouche de plus à nourrir ! Il devenait urgent pour mon père d'avancer dans sa carrière. Le poste de la Maison Départementale des Petits Prés, à Plaisir, à quinze kilomètres de Versailles était vacant et sa candidature fut retenue.

Notre mère est devenue enragée. Elle ne voulait pas aller dans un trou, même en région parisienne. Nous aurions un pied-à-terre à Versailles où mon frère et moi serions scolarisés dans de très bonnes écoles libres, lui répondit mon père. C'était un tremplin obligé pour aller ensuite ailleurs, il pensait déjà aux villes universitaires pour ses enfants. Mais elle ne voulait pas en entendre parler. Il avait décidé sans elle ! elle voulait rester avec ses amies ! Au début, il y avait les pour et les contre à égalité. Elle avait réussi à apitoyer certaines de ses amies en inventant ce que seraient nos conditions de vie dans la région parisienne. Dans la journée, sa chambre ne désemplissait pas, quand je rentrais de l'école, je trouvais souvent deux ou trois personnes autour d'elle qui sanglotait. Mon père dut faire savoir haut et fort les raisons de sa décision, rétablir une vérité quelque peu malmenée dans le récit qu'elle faisait de notre future existence. Peu à peu, elle perdit tous ses alliés. L'archiprêtre de la paroisse et les autres gens d'Église prirent leur distance : Jésus avait dit que la femme devait suivre son mari ! le médecin de famille aussi. L'état de ma mère inquiétait mon père qui faisait souvent appel à lui. Ils s'enfermaient alors dans le salon pour un long conciliabule. Un soir qu'ils étaient ensemble, ma mère me convoqua et m'enjoignit d'aller écouter à la porte ce qui se disait. Je refusai, ce qui la mit hors d'elle. Je quittai sa chambre en courant et en descendant l'escalier j'ai glissé et le bruit que j'ai fait en tombant dans cet escalier en bois a alerté mon père et le médecin qui vérifia que je ne m'étais pas fait mal et m'a envoyée me coucher.

Je savais bien qu'on ne resterait pas toujours à Saint-Jean. Jusqu'à présent, l'idée d'aller vivre ailleurs ne me déplaisait pas. Jusqu'à ma rencontre avec Bruno, mon futur mari. Je n'étais pas une coureuse de garçons, on s'était rencontrés très tôt, voilà tout ! et nous faisions des projets d'avenir. Il voulait être professeur de gym ou mécanicien et moi, détective privée… Nous avions douze et quatorze ans. J'allais passer en quatrième et après les vacances, il continuerait sa scolarité dans le collège d'une ville voisine où il se rendrait en car tous les matins.

En dehors des revues catholiques auxquelles on m'avait abonnée, toutes mes lectures étaient passées au crible. Ma mère traquait tout ce qui dans un récit évoquait une attirance entre un homme et une femme. Quelquefois, c'était mon grand-père qui était chargé de la censure, il laissait passer des petites choses. J'eus le droit de lire les romans policiers dont Bob Morane était le héros. Au moins dans ces livres, il n'y avait pas de référence religieuse. Cela me passionnait et convenait à mon esprit avide de résoudre des énigmes et de démasquer la vérité. Et les histoires policières n'étaient pas source de conflits à la maison.

Aux cours de catéchisme, on nous parlait de la traite des Blanches. Nous ne devions jamais, jamais accepter de monter dans la voiture d'un inconnu ou même d'une inconnue. Et l'on nous conta l'histoire d'un homme qui s'était déguisé en religieuse pour attraper une jeune fille. Elle s'était vite rendu compte de la supercherie, avait eu le réflexe de jouer l'idiote et l'homme-religieuse l'avait laissée sur la route un peu plus loin, car elle n'était pas intéressante… Sidérées, nous buvions toutes ces paroles…

Je ne sais pas comme cela m'est venu, mais c'était à la suite de ce cours, je me suis imaginé que l'Institution Sainte Ursule, au-dessus de tout soupçon, couvrait des activités louches et j'y croyais tellement que j'ai convaincu un certain nombre de copines. Nous nous sommes mises à interpréter le comportement et le physique de chaque religieuse : Mère Claire était charpentée, avait de la moustache et de grands pieds, bien sûr, c'était un homme. Que faisait Sœur Paula à cette heure-là près du portail ? Guettait-elle quelqu'un ? L'ancien aumônier, enfin à la retraite, avait été remplacé par un missionnaire qui rentrait de Chine où il avait subi un lavage de cerveau. Il nous avait fort impressionnées en nous parlant du péril jaune qui allait déferler sur le monde. Nous nous sommes mises à organiser des filatures pendant les récréations, à explorer les recoins de cette immense bâtisse qu'était l'institution, à visiter les chambres des sœurs, nous recherchions des passages secrets, persuadées qu'il y avait des souterrains. Pendant les cours, on s'envoyait des messages codés. Deux pensionnaires devaient, à tour de rôle, se tenir à l'affût de ce qui se passait pendant la nuit.

Je croyais à mon histoire dur comme fer, sans doute plus que mes copines. J'en parlai à mes parents que cela amusa. Ils rirent moins quand ils furent convoqués par la Mère Supérieure qui avait eu des plaintes de parents dont la fille faisait des cauchemars à cause de ces histoires. Ils ne me grondèrent pas, ils me dirent juste que ce que je racontais ne tenait pas debout et me demandèrent d'arrêter. Ils ne me grondèrent pas, car dans toutes mes inventions loufoques, ils ne virent rien de l'ordre du désir, de la sensualité. Et ils demandèrent que l'on ne nous raconte plus d'histoires de bonshommes déguisés en bonne sœur. Je suis retournée à Bob Morane.

Bruno rentrait tard de son collège. Je ne pouvais plus ressortir de la maison. Je devais trouver une solution. Alors, j'ai été prise d'une crise de ferveur mystique : j'ai décidé d'aller à la messe basse de sept heures, chaque matin à l'église.

L'ambiance était particulière chez nous : les conflits entre ma mère et moi déferlaient sur le devant de la scène avec pour toile de fond les obsessions religieuses de mon père qui vivait dans la crainte permanente de Dieu.

Nous avions souvent des conversations très sérieuses pendant les repas, durant lesquelles il évoquait l'homme pécheur et Jésus crucifié pour nous. Je manifestais beaucoup d'intérêt pour ces questions, mais pas dans le sens qu'il aurait souhaité. Je contestais : « si tout est écrit depuis toujours dans le Grand Livre, comme on nous le dit, l'homme n'est pas libre, c'est très injuste de le condamner ». J'enfonçais le clou, je le mettais mal à l'aise. Bien entendu, je ne parlais jamais de *ma* damnation, je restais sur un plan théologique, théorique. Ma mère nageait allégrement dans toutes ces discussions : elle ne se voyait pas comme une pécheresse, ce qui l'intéressait, c'était mon comportement. Et comme les réponses de mon père ne me satisfaisaient pas, je le provoquais en lui disant que je voulais rencontrer le pape. Il le prenait mal. Et il était vrai que j'aurais aimé rencontrer quelqu'un, une référence, qui m'explique pourquoi certains étaient destinés à l'Enfer et d'autres au Paradis avant même leur naissance.

Alors quand j'ai dit que j'avais l'intention d'aller à la messe chaque matin, ils pensèrent que Dieu me ramenait sur le droit chemin. J'en rajoutai un peu en me plongeant dans les brochures auxquelles on m'avait abonnée malgré moi : « Messagère du Christ » et « Croisée de l'Eucharistie ».

Je partais en vélo, dépassais l'église pour me rendre dans une petite rue située entre la maison de Bruno et la gare routière toute proche de chez lui, une petite rue très tranquille et tortueuse et dont les hauts murs rapprochés bordaient de grands jardins. Nous avions un petit quart d'heure à nous.

Toute la difficulté était le trajet à effectuer entre l'église et la petite rue. Certaines connaissances de ma mère habitaient sur mon chemin et c'était l'heure où elles pouvaient ouvrir leurs volets et me voir, mais cela n'est jamais arrivé. Puis Bruno allait prendre son car et par un autre chemin, je me rendais à l'église. J'arrivais un peu avant la fin de la messe, sans bruit, et je me mettais dans le fond, près d'un pilier, derrière les trois ou quatre personnes qui étaient présentes, mais à une certaine distance. Je sortais de l'église quand j'étais sûre d'avoir été remarquée par les paroissiennes, je rentrais chez moi déposer mon vélo, chercher mon cartable et en cinq minutes j'étais à l'école.

Cela a fonctionné pendant des mois. Parfaitement. Ma mère, alitée, et mon père qui se préparait pour sa journée de travail, continuaient à se faire la guerre et le matin ne s'occupaient pas de moi. Il leur restait moins d'énergie pour me harceler. Et encore… Un jour qu'on m'avait envoyée faire une course à l'épicerie du coin de la rue, je fus à mon retour, peu après, violemment questionnée par mon père qui voulait savoir quel était ce garçon qui m'avait suivie jusqu'à l'épicerie. Je protestai en toute bonne foi. Mes parents se doutaient de quelque chose, mais *c'était depuis ma naissance qu'ils se doutaient de quelque chose. J'étais née avec le diable au corps.*

Si l'on me coinçait avec Bruno, on m'enverrait peut-être en maison de correction, mais au moins j'aurais une bonne raison de m'y retrouver. Pour le reste, j'avais depuis toujours mon âme en peine, l'Enfer ne faisait sans doute pas dans la nuance, que je pèche un peu plus ou un peu moins, ce serait la même chose.

Ma mère ne pouvait plus fouiller comme avant dans mes affaires. Elle n'était pas sans savoir que j'écrivais des petits textes et des poèmes quand il m'arrivait de rester à l'étude. Ce soir-là, quand je suis montée la voir, mon cartable à la main, elle l'a saisi et a commencé à le vider. On s'est presque battues. Elle m'a arraché une feuille sur laquelle j'avais écrit des mots d'amour sans destinataire, heureusement. Elle a crié :

— C'est de ta faute si papa veut quitter Saint-Jean ! c'est à cause de ce garçon !

— Menteuse, tu sais bien que ce n'est pas vrai !

— C'est toi la menteuse !

J'ai repris mon cartable et je suis descendue prendre mon goûter.

J'ai failli me faire coincer une autre fois, un jeudi après-midi. Je savais qu'elle m'enverrait faire des courses et j'avais rendez-vous avec Bruno. Il m'avait apporté une rose que j'avais mise dans le sac. Au moment où j'allais le vider sur le lit de ma mère, je me suis rappelé que la rose était là. J'ai bondi en arrière en m'écriant :

— Zut, j'ai laissé quelque chose en bas !

Et j'ai vite planqué ma rose !

Malgré tout, il y avait de bons moments. Les courses en ville me permettaient de rencontrer mon amoureux ; je remplissais la mission qu'elle m'avait confiée : trouver à la mercerie le bon coloris du fil, l'exacte largeur de l'élastique ou du ruban ou la grosse aiguille qui lui faisaient défaut. Pour mon bonheur, elle avait toujours besoin de quelque chose. Elle faisait des parures pour le berceau du bébé, elle faisait des brassières. Ses ouvrages, le plus souvent réalisés à partir de modèles, de patrons, trouvés dans des journaux spécialisés, faisaient l'admiration de tous.

L'hôpital de Saint-Jean était aussi un hospice et chaque matin, Anna, une patiente, venait travailler chez mes parents. Cela faisait partie du logement de fonction, comme le jardin et son jardinier. Ma mère s'occupait de jardin d'agrément, mais un homme de l'hôpital faisait le potager. Anna effectuait les grosses tâches, mais comme j'aimais beaucoup faire la cuisine, je proposais régulièrement mes services. J'étais très fière quand on me demandait de préparer un plat.

Vincent et moi nous partagions une chambre qui donnait dans celle de nos parents. Nous avions des lits jumeaux. Des icônes et un crucifix étaient fixés aux murs ainsi qu'un bénitier, près de chaque porte. Tous ces objets pieux se retrouvaient avec des petits soldats, des petites voitures et nos livres rangés sur des étagères. Mon frère était un jeune garçon calme, gentil et spirituel, c'était le terme employé : il était drôle, avait beaucoup de finesse et d'humour et il ne faisait pas de vagues. Il n'était pas né avec le diable au corps et mon père se retrouvait en lui. Il allait à l'école libre des garçons et aux Louveteaux. Nous nous entendions bien.

Marc est né le douze janvier 1960. L'arrivée de ce petit frère fut un magnifique cadeau. Dès que je le pouvais, je le prenais avec moi, je le berçais, je le caressais, je lui chantais des chansons, je lui parlais. J'ai appris très vite à m'occuper de lui. Ma mère ne s'en plaignait pas, bien au contraire. Elle était dans d'autres plaintes et récriminations. Mon père avait pris son poste en Seine-et-Oise. Nous ne pouvions plus rester que deux mois dans la maison de l'hôpital. Alors, sans le lui dire, il a acheté, non loin de là, une maison en viager à sa vieille propriétaire qui venait de partir en maison de retraite. Il mit ma mère devant le fait accompli. Puisque nous devions terminer notre année scolaire à Saint-Jean, nous irions y vivre jusqu'à notre départ en région parisienne et nous y reviendrions l'été.

Ma mère était hors d'elle. Elle se retrouvait seule avec nous trois et la perspective de deux déménagements. Je l'aidais volontiers, j'allais toujours faire les courses, et le samedi quand il faisait beau, je sortais mon petit frère dans son landau. Je descendais l'avenue du Port, jusqu'à la Boutonne, puis je tournais à droite et longeais la rivière vers les écluses. Je dépassais les maisons le long du quai, je dépassais les petits jardins et leurs jardiniers et un peu plus loin, je m'enfonçais dans une espèce de sous-bois. Bruno arrivait en vélo par un autre chemin. Mon petit frère dormait et quand il se réveillait, je lui donnais son biberon. Lui n'osait pas le prendre dans ses bras. Nous étions pourtant un peu comme deux très jeunes parents. À presque treize ans, j'avais ma taille définitive et il était bien plus grand que moi. Nous étions en sursis et nous savourions le moment présent. Nous savions que notre histoire, telle qu'elle était alors, n'allait pas durer, ne pouvait pas durer, nous savions que nous allions être séparés, que nous n'aurions plus que les vacances, quand je reviendrais dans cette maison que mon père avait eu la bonne idée d'acheter. À aucun moment, nous avons pensé que notre amour allait s'éteindre. Ce lien était devenu ma raison d'être.

Puis chacun repartait par là où il était venu. J'étais fière, tellement fière de pousser le landau de Marco. J'avais le sentiment d'être sa maman. Depuis une année, ma guerrière de mère était sur plusieurs fronts. Elle n'avait pas le temps de me suivre. Elle aurait pu demander à Vincent de m'accompagner, elle le faisait parfois, mais il avait ses copains et ses activités.

Curieusement, alors que j'étais souvent accusée de fautes que je n'avais pas commises, elle avait gobé la ferveur religieuse qui me faisait aller à la messe chaque matin, il est vrai que je ne partais jamais de l'église sans être sûre d'avoir été vue. Et sur le chemin du sous-bois, je croisais sur le seuil de leur porte de nombreuses connaissances auxquelles je disais : « Regardez comme mon petit frère est mignon, si vous saviez comme j'aime le promener ! » ce qui était vrai, mais j'avais un amour que j'aurais voulu garder secret. Dans une petite ville comme Saint-Jean où rien dans la durée ne peut passer totalement inaperçu, beaucoup de gens s'en doutaient. Cet été-là, avant notre départ, ma mère s'est beaucoup moquée de moi et m'a humiliée en déformant grossièrement le patronyme de mon amoureux. Comme on le faisait parfois entre nous à l'école primaire. C'était infantile et méchant. Depuis que nous avions déménagé, j'avais ma chambre ; elle s'était remise à me harceler, à fouiller dans mes affaires et à écouter aux portes. En l'absence de mon père, elle se déchaînait sur moi, elle se déchaînait pour deux.

Nous sommes restés seize mois en Seine-et-Oise. Ce fut un déracinement total, douloureux, mais qui s'avéra fécond.

L'institution Sainte Ursule de Saint-Jean était l'école privée, catholique, d'une petite ville, fréquentée par les filles dont les familles avaient des convictions religieuses allant du militantisme à une pratique peu régulière. De près ou de loin, tout le monde se connaissait. Les parents étaient employés, commerçants, ouvriers, artisans, fonctionnaires, notaires, pharmaciens, médecins. C'était la classe moyenne qui dominait. Un petit internat accueillait aussi les filles d'agriculteurs des campagnes voisines. L'ambiance était plutôt familiale et je m'y sentais à l'aise.

Notre classe de quatrième se trouvait au second étage. Dans ce petit local, nous étions une quinzaine de filles sur deux rangées. Une bonne entente régnait entre nous. J'étais au premier rang, tout à fait à gauche contre les rayonnages d'une bibliothèque. Quand je trouvais un cours ennuyeux ou répétitif, je sortais un livre, ce fut rapidement toujours le même : « Les Caractères » de La Bruyère. Beaucoup de petits mots circulaient aussi d'une table à l'autre. Cela ne nous empêchait pas d'intégrer notre programme. Geneviève, mon amie, étant en cinquième, les filles de ma classe étaient plutôt des copines. Cette année-là, notre professeur d'espagnol eut l'idée de nous emmener passer la première semaine des vacances d'été en Espagne où nous serions logées dans des institutions de la congrégation. Mais elle s'y prit trop tard et le projet fut reporté à l'année suivante. J'étais bien triste, car je ne serais plus là. Mais je pourrais venir quand même, me dit la religieuse. À ma demande, elle en parla à mes parents qui donnèrent leur accord. Cette perspective me permit de terminer l'année scolaire avec moins de tristesse.

J'allais regretter l'école où j'avais passé les onze premières années de ma scolarité ! Lors des conflits qui m'opposaient à mes parents, il m'arrivait de les supplier de m'y mettre en pension, ils étaient offensés de se voir ainsi rejetés. S'il fallait m'éloigner, j'irais en maison de correction !

On m'a inscrite en troisième classique, au Cours Notre-Dame à Versailles. C'était une grande institution où nous devions porter un uniforme : une jupe bleu marine et un chemisier blanc. Ma première impression fut celle d'une grande froideur, des murs et des visages. Nous étions vingt-cinq élèves. La Supérieure, au visage dur et hautain, nous énonça ses exigences de discipline et fit l'appel. Un certain nombre de filles avaient un nom à particule.

Peu à peu, des visages se détachèrent de toute cette grisaille. Nous étions dans le quartier de la cathédrale et du château, un quartier de familles bourgeoises et aristocrates. Mais pas toutes cependant. Je me suis rapprochée de Nadia qui arrivait de Lille. Sa famille vivait dans un petit pavillon de banlieue, à une quinzaine de kilomètres. Son père était ingénieur et sa mère restait au foyer. Nous étions toutes les deux en révolte contre nos parents, la société et Dieu. C'est elle qui me fit découvrir Baudelaire et Sartre, Les Fleurs du Mal et la Nausée. Très intelligente, discrète, elle voulait faire des études de philo. Ce fut la première personne avec laquelle j'ai échangé des pensées. À l'école Sainte Ursule, on nous demandait d'apprendre et de croire, cela n'allait pas beaucoup plus loin.

Au Cours Notre-Dame où de nombreux enseignants étaient laïcs, même s'il y avait une petite communauté de religieuses, un personnage avait une place particulièrement importante, c'était l'aumônier. Il avait une haute idée de son rôle d'éducateur, il était là pour former nos esprits, pour nous apprendre à penser et à argumenter comme des femmes chrétiennes que nous allions devenir, face à l'athéisme ambiant. Finie la foi du charbonnier. Comme homme de Dieu, comme homme qui savait, qui connaissait la vie, il exerçait une certaine emprise sur nous. La cinquantaine, il avait beaucoup d'allant et nous faisait impression. Il nous donnait des devoirs à rédiger et nous les rendait avec une note et des commentaires, comme s'il s'agissait d'une rédaction de français.

Ma mère le repéra immédiatement et j'appris qu'elle le rencontrait parfois pour lui parler de moi. Elle exigeait de lire mes devoirs et faisait des corrections.

Un jour, nous eûmes à rendre un travail sur l'amour libre. Elle s'est emparée du sujet, a pris une feuille et un stylo, les mots s'écoulaient de la plume. J'étais trop jeune pour comprendre, prétendit-elle ! je lui dis qu'il nous avait fait un cours sur le sujet. Qu'à cela ne tienne ! J'ai dû recopier ce qu'*elle* avait écrit. J'ai eu une bonne note, comme la plupart d'entre nous. Les unes et les autres, nous savions bien ce que nous devions restituer de son cours. Nous étions en troisième, et s'installer ouvertement avec un garçon n'était pas notre priorité ni notre actualité ! mais il fallait semer en nous des petites graines.

Une autre fois, lors d'un devoir sur table, nous dûmes traiter une nouvelle question : l'accouchement d'une femme se passait mal au point qu'il faille faire le choix de sauver la mère ou le bébé. Il n'y avait qu'une bonne réponse : sauver le bébé. Nous jouions le jeu afin de ne pas nous mettre à dos un personnage qui avait un grand poids dans l'institution et qui n'hésitait pas à démonter, démolir et diaboliser dans ses cours les auteurs qu'il fallait surtout ne jamais lire comme Jean Paul Sartre et Françoise Sagan. Entre autres…

Il avait été aumônier des Scouts. On ne pouvait pas lui dénier un certain charisme. Il ne voyait pas le diable comme l'aumônier de

Saint-Ursule, mais il sentait sa présence, il en parlait de façon très différente, mais tout aussi convaincante. Il n'y avait pas rupture avec ce qu'on m'avait enseigné auparavant.

Quelques mois plus tôt, j'avais lu « Chiens perdus sans collier » de Gilbert Cesbron, ma mère l'avait appris, elle s'était déchaînée sur moi comme si j'avais commis une faute. Et voilà que l'aumônier nous donnait à lire « La mère » de Pearl Buck et « Corps et âmes » de Maxence Van Der Meersch ! Mes parents demandèrent immédiatement à le rencontrer. Comme toujours, on redoutait que les personnes ou les livres croisés sur mon chemin me donnent des idées et réveillent le diable qui sommeillait en moi. Ils furent obligés de s'incliner. J'étais reconnaissante à cet aumônier de nous donner, de *me* donner accès à ces lectures. Il aurait sans doute été étonné d'apprendre que j'avais interdiction de lire la Bible. La lecture avait toujours été pour moi une échappée vers un ailleurs. Chaque fois que j'avais un nouveau livre entre les mains, ma mère demandait son avis à l'aumônier.

Un jour, une fille de ma classe, très sérieuse pourtant, un peu plus âgée que moi et dont je m'étais rapprochée, me prêta « Manon Lescaut » de l'Abbé Prévost. Je n'eus pas l'idée de planquer le livre dont l'auteur était un abbé. Quand mon père vit ce que j'avais entre les mains, il explosa. Il s'agissait en effet d'une histoire sulfureuse. Ma copine de classe fut tancée par l'aumônier et s'éloigna…

Une connivence s'établit entre Nadia et moi. Nous venions d'un autre milieu, nous ne connaissions pas les codes de notre nouvel environnement.

L'aumônier évoquait souvent la présence du diable, cela me désespérait. J'étais coupée du garçon que j'aimais, tout mon courrier était lu. Je continuais à être harcelée et malmenée par ma mère et mon père qu'elle entraînait toujours derrière elle. Cela me révoltait. Je ne voyais pas d'issue.

Nadia avait elle aussi une image assez négative de la sienne. Mais son père l'intriguait. D'un abord difficile, froid, il était tourmenté par des questions existentielles, elle le pensait athée ou agnostique, puisqu'il lisait Jean-Paul Sartre. Son père lui avait ouvert un chemin.

Je n'avais pas remis en question l'existence de Dieu. Comment l'aurais-je pu, immergée que j'étais depuis ma naissance dans un océan de certitudes auxquelles rien ni personne ne venait s'opposer ? Cela m'ouvrit une perspective : je découvrais que certaines personnes, comme le père de mon amie, quelqu'un de sans doute très respectable, doutait de l'existence de Dieu.

Mon chemin était un peu différent. J'étais maudite, j'étais mauvaise, j'étais révoltée et je faisais souffrir mes parents.

Et puis j'avais lu « Chiens perdus sans collier ». J'avais pénétré dans le monde des enfants délinquants et j'avais découvert qu'au lieu de les condamner, juge, médecin, avocat, psychologue, éducateurs remuaient Ciel et Terre pour les sortir de leur détresse. Ces enfants se retrouvaient dans des centres qu'on n'appelait pas maisons de correction. Comme eux, j'étais une enfant maltraitée, dans un contexte tout à fait différent. J'étais une grande délinquante puisqu'après la maison de correction, on me promettait l'Enfer. Pourtant, en dehors de ma famille, tout le monde m'aimait bien et me faisait confiance.

Pourquoi n'avais-je pas le droit, moi aussi, à un peu d'attention et de sollicitude ? La lecture de ce livre m'avait ouvert un horizon. Je me mis à rêver d'être un jour juge, médecin, avocat, psychologue, éducatrice. Finies, les filatures de détectives : je passai du désir d'élucider des crimes à celui de percer les mystères du monde psychique.

Je fus inscrite aux Guides de la cathédrale de Versailles. C'était une Compagnie à l'image du quartier, organisée, hiérarchisée : il y avait la chef d'équipe comme partout, puis la seconde, puis la troisième. Les grades semblaient avoir de l'importance. Mais les cheftaines étaient fort sympathiques. Nadia vint m'y rejoindre. Nous partions parfois pour une journée entière, ou même un week-end, nous rencontrions d'autres équipes, dans de beaux endroits d'Île-de-France ; un garde-forestier nous fit une fois un cours sur la vie des arbres, nous avions des discussions intéressantes sur tout ce que prônait la Loi scoute, mais ce n'était jamais culpabilisant : l'idéal restait l'idéal vers lequel nous devions tendre. Il n'était pas un impératif à atteindre absolument.

Quelques jours avant la rentrée scolaire, nous avions débarqué à la Maison Départementale des Petits Prés, un immense hospice perdu dans la campagne et situé à quinze kilomètres au sud-ouest de Versailles. Il abritait des arriérés mentaux profonds, polyhandicapés. Ceux qui étaient grabataires ne sortaient jamais du pavillon, les autres se promenaient dans les allées, les jardiniers donnaient des tâches aux moins atteints. Il y avait une petite communauté de religieuses qui avaient en charge un groupe de femmes au déficit intellectuel très variable. Elles s'en occupaient avec beaucoup d'humanité.

Une belle maison entourée d'un grand parc et située dans l'enceinte de l'établissement, mais un peu à l'écart nous avait été attribuée. Mon père s'était engagé à louer un pied-à-terre à Versailles. Faire les trajets chaque jour entre l'hôpital et nos écoles était une pénible expédition. La tension restait très vive entre mes parents. Mais pour mon père, tout était trop cher. Ma mère me lançait que c'était de ma faute, je n'étais pas assez gentille : je « répondais », j'avais des prétentions inacceptables : j'avais osé demander un tout petit peu d'argent de poche, cela avait suscité de hauts cris. De l'argent de poche ? Mais pourquoi faire ? ne me donnait-on pas tout ce dont j'avais besoin ?

Au bout de trois semaines, il a enfin trouvé un pied-à-terre rue Hardy au second étage d'une grande maison située en face de l'École d'Horticulture, non loin du château. Notre logement était composé d'une première pièce, la salle à manger, dans laquelle se trouvait aussi mon divan, elle donnait sur une autre, assez grande, la chambre de mes frères et de ma mère. Il y avait un cabinet de toilette, mais pas de salle de bains. La cuisine se trouvait à droite quand on sortait sur le palier. Les fenêtres donnaient sur la rue.

Les propriétaires, aimables et bohèmes, approchaient la quarantaine, lui était ingénieur dans le nucléaire et s'absentait souvent, elle ne travaillait pas. Ils avaient trois jeunes enfants. À notre étage, tout au fond à droite se trouvait la chambre de l'employée de maison, une jeune femme qui sortait avec un étudiant de l'École d'Horticulture, un Tunisien. Ma mère se rapprocha d'elle et obtint rapidement ses confidences. Elle avait quitté ses Vosges natales à la suite d'une histoire qu'elle avait eue avec un homme marié, maintenant, elle espérait bien épouser Ali.

Je devais me contenter de lui dire bonjour, ne pas m'attarder à parler avec elle sur le palier, car elle n'avait pas de morale. Je me rendis rapidement compte que le soir ma mère essayait de savoir si Ali était dans sa chambre, mais la jeune femme restait très discrète. Elle s'occupait bien des enfants et une fois ceux-ci couchés, elle assurait une présence et veillait sur eux, en l'absence de leurs parents.

Le week-end, mon père venait nous chercher. De temps en temps, il nous rejoignait un soir dans la semaine. Ma vie se passait donc au collège, aux Guides, dans notre pied-à-terre durant la semaine et aux Petits Prés les samedi et dimanche.

Ma mère continuait à rencontrer l'aumônier et aussi la religieuse qui nous enseignait le français. Elle se déplaçait souvent pour les voir, à mon insu, pensait-elle, mais cela me revenait aux oreilles, car elle s'épanchait auprès des unes et des autres. Elle voulait savoir qui je fréquentais et si c'étaient de bonnes fréquentations. Certaines relations tournèrent court : ma mère se plaignait de moi et disait : « votre maman a tellement de chance d'avoir une fille comme vous ! ». Je me sentais blessée et humiliée, surtout quand celle qui entendait ces propos se mettait à me faire la morale.

Curieusement, dans le milieu quelque peu militaire du Scoutisme versaillais, je trouvai ma place ! On appréciait ma créativité, mon imagination et mon humour. Je constatais que je pouvais être estimée en dehors du monde de mes parents.

J'avais souvent hâte de me retrouver aux Petits Prés où je pouvais échapper un peu à ma mère. Je m'occupais de Marco et Vincent et moi, nous parlions souvent ensemble. Son collège, fréquenté par la haute bourgeoisie, se trouvait dans une banlieue huppée. Il ne s'y plaisait pas.

J'avais des nuits blanches, taraudée que j'étais par mes éternelles questions. L'entreprise de culpabilisation se poursuivait, d'une autre manière qu'à Saint-Jean. Rien ne venait démentir que j'étais maudite. Au collège, on nous répétait que le Mal existait, que l'Enfer existait.

Et la façon dont on me traitait à la maison faisait le reste. Tout était prétexte aux brimades, aux humiliations, aux récriminations maternelles. Mon courrier lu, mes connaissances scrutées. Ma mère se voulait au courant de tout ce qui me concernait. De tout. Bien sûr, il y avait Nadia, il y avait le collège, cet endroit neutre où j'avais plaisir à apprendre, à comprendre et à observer les autres, il y avait les Guides où j'étais reconnue, mais il y avait ma mère qui me volait mon intimité.

Alors, je pensais aux vacances à Saint-Jean. J'allais revoir Bruno et Geneviève. Mes anciennes copines de classe me parlaient dans leurs lettres de ce qu'elles faisaient. Le projet d'aller une semaine en Espagne avec notre professeur se précisait. Quelle bouffée d'oxygène ce serait pour moi ! quel bonheur !

J'allais passer le BEPC, mon premier examen. Le collège ouvrait sur un lycée très élitiste, et pour être admise en seconde, il fallait se présenter à un examen d'entrée. Je m'y retrouverais avec Nadia.

Et puis, fin mai, quand fut arrivé le moment de m'inscrire au voyage en Espagne, on me dit : « tu n'iras pas, car tu ne l'as pas mérité ». J'entrai dans une grande fureur, j'écumais de rage et de haine. On m'avait promis ce voyage. Pendant les cours, j'écrivais ma rancœur et ma détresse, le soir, ma mère fouillait et tombait sur mes écrits, elle se mettait à hurler.

Je voulais les atteindre. Je voulais les blesser à mon tour. Je leur annonçai que je ne me présenterais pas à l'examen d'entrée en seconde. Je n'eus pas le choix, mais je fis mieux : il y avait trois épreuves, je rendis trois feuilles blanches. J'étais, très amèrement, contente de moi. C'était au tour de mes parents d'être hors d'eux-mêmes, mais ils ne le montrèrent pas si ce n'est en étant à mon égard encore plus hostiles que d'habitude. J'allais donc redoubler, dans la même classe. J'aurais pu passer en seconde dans un autre lycée privé, la ville n'en manquait pas, mais ils auraient eu le sentiment de céder. Ils essayaient de me faire honte, mais honteux, c'est eux qui l'étaient ! je perdais une année ! j'en avais une d'avance ! ils pouvaient me faire tout ce qu'ils voulaient, mais ils n'avaient pas pu me forcer à rendre des copies. Ils avaient rencontré une limite. C'est eux qui avaient perdu.

Curieusement, je ne fus pas privée de camp scout. Ce ne fut sans doute pas par bienveillance, mais cela aurait été très mal vu de la part des cheftaines de me priver de camp, ils étaient tellement sensibles au qu'en-dira-t-on… Et puis, je leur menais la vie dure, ils seraient au moins tranquilles une semaine.

Nous nous sommes retrouvées en Anjou où j'ai vécu de magnifiques journées d'amitié et retrouvé un peu de paix. Ensuite ce furent les vacances familiales à Saint-Jean. Mes copines, revenues ravies de leur semaine en Espagne, regrettaient beaucoup que je n'aie pas pu me joindre à elles. J'ai revu Bruno, je fus impressionnée par sa taille et sa beauté virile, mais j'ai vite senti que de mon côté, ce n'était plus comme avant. J'essayais de lui parler de tout ce que j'avais vécu pendant cette longue année d'absence, mais il ne suivait pas, il était dérouté. Je réalisai que je ne voulais plus l'épouser ! Je ne lui dis pas ce que je ressentais : je ne voulais pas le blesser. De toute façon, l'éloignement rendait notre relation difficile à poursuivre. Pendant un an et demi, nous nous étions rendus heureux. Ce bonheur était gravé en nous.

Pour mes douze ans, mon amoureux m'avait offert un coupe-papier en plastique couleur ivoire dont le manche représentait une Vierge Marie. Il arrivait qu'il faille couper dans certains livres des pages qui ne l'étaient pas. J'avais dit à ma mère que c'était un cadeau de mon amie Geneviève.

J'ai longtemps gardé cet objet avec moi, au fond de mon cartable. Des années plus tard, je l'ai rangé et n'y ai plus pensé.

Quelle ne fut pas ma surprise de le retrouver à Saint-Jean, il n'y a pas si longtemps, dans un tiroir d'une commode de ma mère parmi des chapelets et d'autres objets pieux ! Il a réintégré mon Petit Musée des Souvenirs Sauvegardés.

Mon père eut très vite envie de quitter la Maison Départementale des Petits Prés. Il avait passé plus de dix ans dans un petit hôpital au sein duquel la congrégation religieuse avait une réelle importance. La Maison Départementale était immense, anonyme et laïque, même s'il existait une petite communauté. Il se trouva confronté à des situations que son éthique rigoureuse désapprouvait. Et la location du pied-à-terre, les trajets en voiture pour venir nous rejoindre ou nous chercher revenaient cher. Il commença sa recherche de postes vacants, ce qui amena une certaine détente dans le couple. Ma mère n'avait pas eu le temps de trouver sa place dans l'action catholique versaillaise. Mais était-ce une question de temps ?

À Saint-Jean, elle faisait la pluie et le beau temps aux réunions des Heures d'Amitié, ce n'était pas le même monde que celui de ce quartier où les avenues menaient au château du Roi Soleil dans les jardins où mon petit frère fit ses premiers pas.

Mon père obtint le poste d'Économe au Centre Hospitalier de Saint-Brieuc. Son passage en Seine-et-Oise avait été un tremplin nécessaire à la poursuite de sa carrière.

C'était une journée belle et froide de fin décembre. Vincent et moi, nous sommes partis sur nos vélos à la découverte de la ville. Une longue descente nous mena au port du Légué que nous avons longé jusqu'au bout. Ensuite, nous avons pris une côte assez raide, sur la gauche, et nous sommes arrivés à Saint Laurent de la Mer. Nous avons traversé le village, un peu en hauteur et nous nous sommes retrouvés face à la baie de Saint-Brieuc. La mer était là, bien que ce soit marée basse, elle ourlait de gris ces immensités de sable mouillé.

J'étais née dans une ville portuaire, je connaissais les plages de l'Atlantique où nous allions souvent avec nos parents. Je connaissais ces plages, mais elles ne me procuraient aucune émotion, peut-être parce que ma mère en occupait tout l'espace.

Ma première rencontre avec la mer eut lieu ce jour froid et ensoleillé de décembre. Ce fut une rencontre intense, intime et secrète lors de laquelle se noua un lien définitif et indéfectible à la Bretagne.

Ce furent des années intenses. J'ai vécu des amitiés, des amours, des passions, mais aussi des effondrements. Je restais avec mes questions sans réponse. Ma mère, comme toujours, déployait une énergie colossale pour me contrôler. On m'avait mise dans une institution privée dont le niveau scolaire était consternant, un chahut, endémique, y régnait. Des religieuses et des laïcs se partageaient l'enseignement. J'informai mes parents de l'ambiance qui régnait dans ma classe, mais ils firent la sourde oreille. Il existait pourtant une autre institution privée, beaucoup plus sérieuse. Mais ce que j'exprimais n'avait aucune importance, peut-être ne me crurent-ils pas. J'y restai quatre ans, jusqu'à mon bac. Je pris l'habitude de me distraire avec les autres, de parler, d'écouter des confidences, d'en faire moi-même, de jouer à la bataille navale ou au pendu pendant les cours, de faire tout haut des commentaires, des blagues, parfois de très mauvais goût, de chanter, de lire pendant que d'autres jouaient aux cartes.

La première année, l'année de ma seconde troisième, je n'ai rien fait, me contentant de réviser avant les examens des choses déjà acquises ; j'entretenais juste mes connaissances et je lisais des livres de psychologie empruntés à la bibliothèque municipale.

Je découvrais avec curiosité et étonnement mon troisième établissement scolaire. Tous les milieux se côtoyaient, mais les filles de notables étaient plus visibles que les autres : elles avaient l'aisance de la répartie. Les filles d'agriculteurs, pensionnaires, se retrouvaient sous la férule d'une jeune maîtresse d'internat très intrusive et pénétrée de sa mission de les guider dans le droit chemin. Cette mission se déployait jusqu'à nous, les externes, puisque régulièrement nous nous retrouvions à commenter un livre, le but étant de suivre notre cheminement spirituel puisqu'elle n'était pas notre professeure de français. J'ai rapidement utilisé cet espace pour contester. J'entraînais la religieuse sur le problème du libre arbitre, j'y revenais sans cesse à coups de citations de Pascal, de Leibnitz et d'autres.

C'étaient bien mes questions de toujours, mais je prenais un malin plaisir à la mettre en difficulté, car je ne l'aimais pas. Nous avions un aumônier humain – enfin ! –, qui ne cherchait pas à nous culpabiliser. Il tenta même à un certain moment d'être un médiateur entre ma mère et moi.

Je me retrouvais dans une nouvelle équipe de Guides, mais je m'y ennuyai très vite, car il n'y avait pas de contenu. Nous chantions et nous nous racontions nos petites histoires. Certaines étaient dans mon collège. La cheftaine venait de se marier et avait quitté la ville. La nouvelle était très prise par ses études.

Mais je tenais à y rester, car c'était la seule activité agréée par ma mère, ma seule marge de liberté. J'y ai rencontré Adèle, une fille plus âgée, amoureuse de femmes qui ne l'aimaient pas. Adèle la violente, l'affamée, la révoltée, Adèle, pantalon et blouson de cuir, noirs comme ses cheveux très courts, Adèle sur sa mobylette, plus tard sur sa moto, le visage dur, fermé. Elle avait arrêté sa scolarité et travaillait dans un bureau, Adèle qui écrivait de magnifiques poèmes et chansons et qui chantait si bien. Nous sommes restées liées longtemps. Curieusement, elle ne fut jamais persona non grata pour mes parents. Elle venait très souvent à la maison, elle restait parfois dîner, ensuite, nous passions des heures dans ma chambre, mes parents ne mirent jamais de réserve à nos rencontres. Ils l'aimaient bien ou plutôt ils avaient pour elle une certaine forme de commisération, et surtout, ils ne pensaient pas qu'elle pouvait activer le diable qui sommeillait en moi. Ils s'étaient bien rendu compte qu'elle ne recherchait pas les garçons. Elle ne m'entraînerait donc pas dans cette direction. Mais elle couvrait certaines de mes escapades… J'écoutais sa douleur d'amour sans réciprocité, je lui parlais de mon immense solitude familiale qu'elle percevait à travers l'omniprésence de ma mère. Nous avions beaucoup d'estime l'une pour l'autre et comme point commun un certain désespoir. Je constatais que le sien était source de réactions violentes contre les autres alors que le mien faisait que je m'en prenais à moi-même.

Ingrid habitait à cinquante mètres de chez moi, de l'autre côté de la rue, ce qui avait son importance, car de la fenêtre de sa chambre, ma mère pouvait surveiller les va-et-vient autour de sa maison. Elle allait au lycée, avait perdu son père quelques années plus tôt et sa mère travaillait à l'Inspection académique. Nous avions en commun des envies normales d'adolescentes : exister en dehors de nos familles, faire des rencontres, avoir des activités culturelles. Elle dessinait avec talent, jouait du piano et moi j'écrivais. Nous écoutions Brel, Brassens, Reggiani, Leny Escudero et nous nous écoutions chanter et elle composa la musique d'un de mes textes. Sa mère, rigoureuse, mais gentille, disait qu'on s'entendait comme deux larrons en foire, elle m'aimait bien. Pour mes parents, Ingrid devint mon âme damnée. Ils pensaient que j'étais sous son influence. Elle leur tenait tête, elle ne lâchait rien, eux non plus. Ils ne l'aimaient pas.

Je voulus m'inscrire à une activité d'art dramatique dans une maison de quartier, on me l'a refusé. Je souhaitais faire avec d'autres jeunes des sorties encadrées par des adultes, on me l'a refusé. J'avais juste le droit d'aller aux activités scoutes et de me rendre chez certaines copines dûment agréées. Je réussis à mettre au point des ruses de guerre, développant des alliances au départ improbables d'adultes ébranlés par l'intolérance de mes parents.

C'est donc à une fête des Scouts que j'ai rencontré mon nouvel amoureux. Il habitait Saint Laurent de la Mer, mais fréquentait le lycée proche de mon institution religieuse. Ma mère avait rapidement conquis les milieux d'action catholique de la ville et séduit un certain nombre de militantes, elle avait comme à Saint-Jean, des yeux un peu partout et ne fut pas longue à apprendre que je sortais avec un garçon, malgré toutes nos précautions pour rester discrets. Ce fut apocalyptique. Un combat sans merci.

Cet été-là, mes parents décidèrent de m'envoyer deux semaines en Espagne, à Bilbao, dans le couvent où était scolarisée ma correspondante. Je protestai et fus traitée d'ingrate. On n'allait certainement pas me laisser traîner avec « le garçon ».

Je me retrouvai seule dans un couvent catholique, c'étaient les vacances, ma correspondante venait me chercher tous les jours, mais c'était une fille bégueule et bigote, plus âgée que moi.

Au retour, je n'eus pas le droit d'aller à la plage toute seule, je devais attendre le bon vouloir ou le non vouloir de ma mère : tout dépendrait du temps et chaque matin, elle avait plaisir à me commenter l'évolution du ciel. Mon amoureux habitait une maison sur une butte qui dominait la plage où tous les copains se retrouvaient l'après-midi. Ma mère, mes frères et moi, nous prenions le bus vers quinze heures place de la Cathédrale. Une fois arrivés, elle étendait sa serviette, s'asseyait et ne nous quittait plus des yeux. J'aimais quand la mer était basse, nous allions le plus loin possible, mais nous devions rester en groupe. À dix-sept heures, elle battait le rappel. C'était le moment où tout commençait à s'animer, alors je la suivais la mort dans l'âme.

Puis mon amoureux a rencontré quelqu'un d'autre, j'en fus très triste, mais je ne lui en voulus pas, ma mère avait rendu notre relation impossible. Elle apprit très vite la nouvelle et commença à me parler de ma remplaçante. Je fus terriblement blessée par son attitude triomphante : elle clamait haut et fort que ce garçon avait un cœur d'artichaut et que je penserais au mariage une fois mes études terminées. Nous sommes restés amis. Il pensait que ma mère me détruisait et que je devais m'en éloigner dès que ce serait possible.

Elle ne me laissait pas tranquille. J'étais fouillée, percée en permanence. Je n'avais toujours pas le droit de sortir, car j'aurais trouvé un autre garçon, même les fêtes scoutes étaient mal vues, j'y avais bien croisé mes amoureux…

J'eus des amitiés passionnelles, j'eus des amitiés sereines et douces. On avait perçu ma capacité d'écoute en même temps que mon mal-être. Ma mère s'arrangeait toujours pour rencontrer mes amies, elle se mêlait de nos conversations et si d'aventure j'étais absente, il lui arrivait de se plaindre de moi sous le sceau d'un secret bien souvent non tenu… La seule qu'elle n'aimait pas était Ingrid. On aurait dit qu'elles se livraient un combat à mon sujet : elles étaient aussi possessives l'une que l'autre.

À partir de la seconde, j'ai pris l'habitude d'étudier la nuit. De nombreux cours se passaient dans une grande décontraction. Nous écoutions nos professeurs de façon très distraite dans le bruit de fond permanent de nos rires et de nos conversations. Il y eut des exceptions en la personne d'une excellente professeure de maths, très exigeante, et d'une enseignante de français qui, elle, ne resta pas longtemps. Nous avons connu tous les degrés, toutes les variétés de fond sonore.

Marco allait au jardin d'enfants de mon école et le soir, je le ramenais parfois avec moi. Je m'occupais de lui. Une place de maman m'était toujours attribuée. Il refusa longtemps de parler à ses parents, il passait les repas sous la table et il miaulait. Il me suivait partout. Nous avions une relation extrêmement tendre et ludique.

Quand je l'avais couché, je fermais la porte de ma chambre pour travailler. Malgré quelques incursions de ma mère, j'y étais tranquille. Je savais ne pouvoir compter sur personne et j'étais organisée et tenace, dans une logique de guerre, de combat pour ma liberté. Avec comme objectif d'atteindre le jour tellement lointain, désespérément lointain de mes vingt et un ans, même si l'obtention de mon bac avec à la clé un départ en Faculté pouvait me laisser espérer un certain assouplissement de mes conditions de vie.

Quand j'avais fini mon travail, je descendais au salon écouter Jacques Brel. Je l'écoutais en boucle, de même que la chanson Sag Warum ? J'y restais longtemps. J'aimais ces moments où la maison m'appartenait et où je pouvais dérouler mes angoisses sans la crainte d'être surprise alors que dans la journée ma mère me demandait : « À quoi penses-tu donc ? »

J'étais toujours taraudée par les mêmes questions concernant le libre arbitre. On ne me menaçait plus de l'Enfer comme autrefois, mais le regard de mes parents, leur déchaînement sur moi, en gestes et en cris, étaient éloquents. J'étais mauvaise, depuis toujours, et où était ma liberté dans tout cela ?

Il y avait beaucoup de religieux dans l'environnement qui était le nôtre aussi je pris rendez-vous avec l'un d'eux, docteur en théologie. Je souhaitais qu'il m'éclaire sur le concept de prédestination. Je ne lui parlai pas de moi et il ne chercha pas à savoir ce qu'il y avait derrière ma question. Je ressortais de son bureau désespérée. J'en rencontrai un autre quelque temps plus tard, mais je ne sus pas non plus me faire comprendre. Je finis par tomber dans un profond état de déréliction et un matin, je fus incapable de me lever, ce matin-là et les jours suivants. Incapable de me lever, de parler, de me nourrir, de me laver. Mon petit frère, inquiet, venait se blottir contre moi dans mon lit.

Une semaine plus tard, je me suis retrouvée aux Flots, une maison de repos, à Hendaye, à huit cents kilomètres de chez mes parents. J'y suis restée deux mois. Deux mois à l'abri du regard de ma mère. Au début de mon effondrement, elle était comme exaltée, clamant que je cherchais Dieu, ensuite que c'était « la faute au garçon »… Le médecin de famille prit la décision de m'éloigner.

Cette maison, non médicalisée, était tenue par des Dominicaines et recevait des femmes en difficulté psychique, en dépression ou en convalescence d'une maladie organique. Il y avait une sœur infirmière et un médecin passait chaque semaine. Je me retrouvai parmi des femmes un peu plus âgées que moi. J'y fis toutes sortes de rencontres et de magnifiques balades dans la montagne. La maison se trouvant en bord de mer, je n'avais qu'à traverser la route pour entendre le bruit des vagues, contempler leur mouvement, jamais le même, toujours le même. Au bout d'une semaine, je pus me replonger dans mes livres de classe que j'avais emportés. Je devais passer la première partie du bac quelques mois plus tard.

J'étais inondée de lettres, de mes copines et amies, mais surtout de ma mère, de très belles lettres composant l'endroit du décor de notre relation. J'eus plusieurs entretiens avec la directrice des Flots. C'était une religieuse d'une quarantaine d'années, discrète, non intrusive et très à l'écoute. Elle me donna le nom d'une résidence madrilène recevant de jeunes filles pendant les vacances d'été. Elle pensait que j'y serais bien. Je pouvais écrire à la directrice de sa part, une Dominicaine comme elle.

Quand je dis que je voulais retourner en Espagne, à Madrid, et non à Bilbao, on me fit des tas d'objections : on ne pouvait quand même pas m'offrir ce type de vacances tous les ans. Qu'à cela ne tienne ! j'allais trouver un travail pour juillet et j'irais au mois d'août.

La crise qui m'avait projetée hors des murs familiaux m'avait donné un peu d'existence. Mon père avait été sincèrement remué par ma détresse, ma mère, remise en question dans son omnipotence, devait bien reconnaître que tout ne pouvait pas se régler en famille. On consentit à écrire à la directrice de la résidence de Madrid pour s'enquérir des conditions financières. Le prix du séjour s'avéra rédhibitoire et mon père répondit que ce n'était pas possible. Une nouvelle lettre arriva, la directrice écrivait que le prix de mon père serait le sien et qu'elle m'attendait. Je n'en revenais pas ! mes parents étaient sidérés, tellement sidérés qu'ils ne refusèrent pas.

J'ai pris le train pour le Pays basque, où m'attendait une famille qui passait l'été dans sa résidence secondaire d'Anglet, près de Biarritz. Pendant le mois de juillet, j'allais faire office d'employée de maison. J'avais affaire à trois générations. À part la grand-mère, très vieille France et c'était ma patronne, les uns et les autres étaient gentils. L'aînée des petits-enfants, une fille un peu plus jeune que moi, me recherchait beaucoup, je devais parfois l'accompagner à la plage avec ses frères. J'avais une jolie chambre et une pause de trois heures dans la journée. Je fus heureuse et tranquille dans cet endroit !

Mes parents sont venus me chercher pour me conduire à Madrid. La résidence se trouvait dans le quartier des universités. Cet endroit, très agréable, n'avait rien à voir avec ce que j'avais connu à Bilbao. La directrice nous a reçus. Le matin, les résidentes suivaient des cours d'espagnol et l'après-midi, elles avaient quartier libre. Mes parents insistèrent sur le fait que j'étais très fragile, qu'il fallait qu'elle veille sur moi. Ils occupaient tout l'espace. Ils ont fini par prendre congé. La directrice les a accompagnés à leur voiture et m'a fait remonter dans son bureau. L'entretien a pris alors une tournure personnelle. Et j'ai entendu ces mots qui s'adressaient à moi : *« rien n'est jamais irrémédiable ». Rien n'est jamais irrémédiable.* C'était une réponse à ma question de toujours, une question que je ne lui avais pas posée, mais qu'elle avait devinée. Elle avait trouvé les mots justes. Les premiers mots justes en dix-sept ans de vie. Des mots qui m'ont toujours accompagnée par la suite même si je les ai parfois égarés.

Je me retrouvai avec des filles d'un milieu aisé. Il y avait les « rive droite » et les « rive gauche ». Les premières avaient une allure bourgeoise, un peu coincée, les secondes étaient plus délurées. Après le déjeuner, nous étions libres jusqu'à vingt-deux heures en semaine et le week-end, jusqu'à minuit quarante-cinq. C'était inattendu, inespéré ! Je tenais ma revanche : comment mes parents auraient-ils pu associer l'idée d'une religieuse à celle d'une si grande liberté ? C'était impensable ! J'étais moi-même très surprise par les propos de cette directrice atypique : nous pouvions sortir avec des Espagnols, mais nous ne devions pas les épouser, car cela ne faisait pas des mariages heureux. L'après-midi, nous disparaissions de la résidence. Il n'était pas difficile de faire des rencontres, les Espagnoles de cette époque étant encore très farouches, nous étions très convoitées.

Je suis sortie avec Luis, un étudiant en médecine péruvien. Je suis tombée sous son charme sans en être vraiment amoureuse. J'aimais sa peau brune et sa douceur. Il avait passé deux ans à Madrid et repartait bientôt à Lima. Il me fit découvrir la ville, ses quartiers, ses parcs, ses bars, ses cinémas. Je l'ai même accompagné à une assemblée d'étudiants à la Faculté de médecine. Luis fut mon tout premier lien avec l'Amérique latine, une très belle rencontre. La séparation ne fut pas douloureuse. Nous avons commencé à nous écrire et dans ses lettres, il m'invitait à venir le voir au Pérou. Peut-être… J'ai toujours aimé cette expression : peut-être… Elle réunit espoir et liberté.

On s'est écrit, longtemps, j'aimais beaucoup son écriture, petite, fine, penchée, régulière, puis nos lettres se sont espacées jusqu'à disparaître.

La directrice de la résidence me conseilla vivement de poursuivre mes études à Paris après mon bac et de faire une psychanalyse. Elle me présenta même une amie à elle, de passage à Madrid, que je pourrais rencontrer une fois là-bas. Dans l'immédiat, je me suis contentée de partir avec ces mots, que j'étais loin de faire miens, que *rien n'était irrémédiable.* Cette Mère m'avait accueillie dans sa Maison, s'était régulièrement préoccupée de savoir si tout se passait bien et m'avait dit que je pouvais revenir, qu'elle serait contente de me revoir. Je n'avais jamais reçu un tel cadeau ! et je rentrais la tête pleine d'images et de rêves liés à celui que je ne savais pas comment nommer, amoureux ? Ami ? Amant ? Un peu de tout cela, sauf un futur mari !

J'étais bien décidée à revenir l'été prochain.

C'était l'année du bac. Section philo. Nous n'étions pas très nombreuses. Notre classe se trouvait tout en haut. J'étais au dernier rang, juste devant les rayons d'une bibliothèque d'où j'ai sorti un jour Le Repos du Guerrier qui se trouvait parmi des ouvrages plus académiques. Comment ce livre était-il arrivé là ? La rigueur était la grande absente de cette institution. Nous avions comme professeure de philo, une religieuse extrêmement sympathique, ouverte, fine et percutante qui nous fit traverser l'existentialisme, mais elle était bipolaire et fut souvent absente.

Un jour qu'elle nous entretenait de Descartes, elle s'adressa à deux élèves en leur disant : « Avez-vous fini de tripoter Descartes ? » elle avait repéré que ces deux filles faisaient une partie de cartes. On ne s'ennuyait pas pendant ses cours ! J'ai saisi d'elle tout ce que je pouvais prendre. Je la sentais très intéressée par la psychanalyse. J'aimais la façon dont elle nous en parlait.

Cette institution avait très peu d'exigences, aussi j'ai continué sur ma lancée : dans la journée, je glanais ce que je trouvais dans le climat de bonne humeur et de détente de la classe et une fois de retour chez moi, après m'être occupée de mon petit frère, je bossais parfois très tard dans la nuit, ensuite, je descendais écouter de la musique. Il m'arrivait de travailler avec deux amies qui avaient quitté l'institution pour le lycée. L'enseignement y était d'un autre niveau. Cela me permettait d'orienter mon travail dans la bonne direction. J'avais peur d'échouer à mon bac. Dans cette peur se logeait un sentiment d'illégitimité que j'ai identifié bien plus tard. L'enjeu était la validation, problématique, de mon existence.

Je souhaitais m'éloigner de mes parents. Ma famille était un magma avec ma mère au centre de cette masse indifférenciée dans laquelle on ne pouvait pas aimer l'un sans aimer l'autre. Elle avait l'art de passer par ces autres pour obtenir ce qu'elle voulait à travers les sentiments que j'éprouvais pour eux. Je souhaitais m'éloigner de mes parents tout en maintenant le lien très fort qui nous attachait, mon petit frère et moi. Je l'aimais plus que tout, plus qu'eux tous. J'aimais aussi beaucoup Vincent et mon grand-père. Je ne me disais pas que je n'aimais pas mes parents, cela ne se posait pas en ces termes. J'étais confrontée à l'image qu'ils me renvoyaient en permanence : celle d'une fille qui avait le diable au corps. Je me demandais s'il fallait les croire, je n'en savais rien. Je ne doutais pas encore de l'existence de Dieu, je me demandais juste quel genre de Dieu c'était. Était-ce le Dieu redoutable de la Bible ? Et il y avait cette Dominicaine qui m'avait dit que rien n'était irrémédiable alors que je ne lui demandais rien…

Je souhaitais m'éloigner de mes amies, ma mère s'immisçant dans nos relations, je voulais rencontrer des gens qu'elle ne connaîtrait pas. J'annonçai que j'allais faire des études de psychologie. J'irais en Fac à Rennes, on me trouverait une chambre chez une connaissance du réseau catholique de mes parents et le samedi je reviendrais chez eux. J'ai flairé le guêpier. Et j'étais encore mineure pendant trois ans !

Il m'arrivait de rencontrer mon ancien amoureux, nous étions restés très amis. Ma mère l'apprit. Sa fille allait retrouver « le garçon » à Rennes, ce n'était pas possible ! Il fallait à tout prix m'éloigner de lui de nouveau. Alors, l'idée leur vint de m'envoyer à l'Institut Catholique de Paris. Je rencontrerais là-bas de jeunes gens sérieux et peut-être un mari. Cette idée-là les séduisit, les rassura.

Mon père avait un grand ami religieux qui y enseignait le grec. C'était un érudit extrêmement curieux et ouvert, très différent des ecclésiastiques que fréquentaient mes parents. Il écrivait des poèmes et avait de l'humour. Par son intermédiaire, on pourrait peut-être me trouver un foyer catholique qui ne soit pas trop onéreux. Le projet se précisa : je m'inscrirais en Propédeutique à la Catho et en fin d'année scolaire, étant domiciliée à Paris, je serais autorisée à passer aussi l'examen de La Sorbonne pour y préparer une licence de psychologie.

Je voulais retourner à Madrid l'été suivant. J'ai trouvé un petit boulot pour les vacances de Pâques. Dans un château au bord de l'Odet, en pays bigouden. La châtelaine, une femme gentille, angoissée, peu sûre d'elle, séparée de son mari, y passait les vacances avec ses deux enfants, l'aîné avait mon âge, faisait sa terminale dans un lycée privé, la seconde, interne dans un collège en Suisse, avait seize ans. Le service qu'on attendait de moi était polyvalent : je devais assurer l'entretien de quatre ou cinq pièces, aider la cuisinière, faire le service, mais je prenais les repas avec eux. La jeune fille qui s'ennuyait rechercha très vite ma compagnie. La mère aussi pendant que nous rangions ses penderies et armoires à la recherche d'une tenue pour une soirée donnée par des châtelains voisins. Par contre, le fils était hautain et prétentieux, très désagréable.

L'endroit était magnifique, mais isolé. Ma chambre se trouvait tout en haut du château. J'y étudiais plusieurs heures après mon service. J'eus très peur une nuit où je me retrouvai seule. Les bruits de toutes sortes que j'entendais dans cette vieille demeure m'effrayaient. Pour qui l'aurait voulu vraiment, ce n'était pas difficile de pénétrer dans l'endroit. Je me souviens du livre sur lequel je travaillais : « El sentimiento tràgico de la vida » de Miguel de Unamuno. Je n'étais pas dans des angoisses métaphysiques cette nuit-là, j'avais peur d'être assassinée.

Je me suis effondrée au moment des résultats. Je ne pouvais pas être reçue. Mon nom figurait sur la liste, c'était une erreur. Pourtant, officiellement, j'étais reçue. Je finis par assimiler la nouvelle.

Il se passa une drôle de chose : dans le journal, à chaque établissement scolaire était associé le nom d'un élève, un lauréat, en quelque sorte. Pour mon collège, il se trouva que c'était moi ! j'en fus très surprise. J'étais en quelque sorte la meilleure ! c'est ma mère qui m'apprit la nouvelle et qui se mit aussitôt dans la tête de m'emmener remercier mes professeurs pour leur enseignement. Cela m'a fait hurler ! Je ne devais rien à personne : j'avais décroché mon bac, car j'avais pris ma vie en main et non grâce à mes enseignants. J'allais faire un malheur, elle était prévenue. Alors elle se rendit seule à l'école.

Je suis retournée à Madrid. Avec un immense plaisir, j'ai retrouvé la Mère qui m'accueillit avec autant de chaleur que la première fois. Je me fis des amies, deux filles qui vivaient dans un quartier populaire et dont les pères décédés avaient été des opposants politiques au caudillo. À travers leur histoire familiale et leur vie quotidienne, j'ai découvert la noirceur du régime franquiste, le machisme et l'hypocrisie bien-pensante. Mes copines étaient battantes et révoltées, mais vives et pétillantes. Je savourais la distance qui faisait que jamais ma mère ne les rencontrerait.

J'étais soulagée de partir à Paris. Chez mes parents, je me retrouvais à l'origine de tensions très pénibles dès que j'exprimais mon désir d'exister. Mon amie Ingrid, voisine et complice, était devenue tyrannique et possessive. Elle m'en voulait de m'éloigner d'elle. Son ironie me blessait. Ma mère m'inventait une vie qu'elle racontait à mes copines ou à leurs parents. J'avais honte, je me sentais humiliée. J'allais laisser tout cela derrière moi ! L'ombre au tableau, l'ombre noire, c'est que j'abandonnais mon petit frère.

Je me suis retrouvée dans un foyer de jeunes filles tenues par des laïques consacrées, religieuses en civil dont la maison mère était en Espagne. Les résidentes venaient du monde entier, toutes de famille catholique et aisée. On m'attribua une chambre que je partageais avec une autre, mais je n'avais pas de vrai lit. Chaque soir, je devais ouvrir une armoire et en faire descendre sommier et matelas pliables. L'endroit n'était pas désagréable, les religieuses consacrées, espagnoles pour la plupart, certaines à peine plus âgées que moi, étaient sympathiques, ouvertes, souvent chaleureuses. Mais je ne m'y sentais pas à ma place. Pour toutes, être croyantes semblait aller de soi. Le foyer était situé à dix minutes de l'Institut Catholique. J'avais choisi Philo, Espagnol et Latin. Les étudiants, il y avait quelques garçons parmi une majorité de filles, venaient d'un milieu très bourgeois ou à particule, ils avaient une prodigieuse aisance dans leur façon d'être, d'évoluer et de s'exprimer.

J'avais très peu d'argent, très peu de vêtements, très peu de tout, et beaucoup d'angoisses. J'ai commencé à chercher un job : baby-sitting et heures de ménage. J'ai rencontré l'amie psychanalyste de la Dominicaine de Madrid. C'était une femme froide, imposante et impressionnante. Je ne me sentais pas à l'aise, mais je faisais confiance à la Mère qui m'encourageait à faire un travail avec elle.

J'essayais de me maintenir à flot, mais je fus progressivement envahie par un sentiment de désespoir d'une telle intensité qu'un matin, je fus incapable de me lever, ce matin-là et les jours suivants, comme cela m'était arrivé à Saint-Brieuc. Mes parents furent prévenus et mon père arriva au Foyer avec le projet de me ramener chez eux. Au cœur de cet effondrement, la seule chose dont j'étais certaine c'est que je ne pouvais pas et ne devais pas retourner là-bas. J'ai maintenu mon cap au prix d'un séjour dans un hôpital de la région parisienne. Cette hospitalisation de trois semaines, un véritable Enfer, me fut salutaire, car elle me poussa à réagir. J'eus affaire à un jeune interne qui posa immédiatement un diagnostic de schizophrénie, me prescrivit des neuroleptiques et m'asséna que j'étais trop atteinte pour continuer mes études. J'étais dans un état de désespoir sans nom. L'interne passait rapidement tous les matins, il était sourd à tout ce que je pouvais dire. Il convoqua mes parents, il avait besoin de leur autorisation pour pouvoir m'interner. Ils arrivèrent et me firent sortir contre avis médical. Mon père demanda un rendez-vous avec le psychiatre auquel m'avait adressée l'analyste avant l'hospitalisation. Il dit que je devais continuer les entretiens avec elle et poursuivre mes études en Faculté, que j'étais dépressive et non schizophrène.

Comme c'étaient les vacances de février, on m'a ramenée à Saint-Brieuc. Pendant plusieurs jours, cela se passa très bien. J'avais retrouvé mon petit frère et certaines amies que je ne mis pas au courant de mon hospitalisation. Et puis le samedi, Ingrid vint me proposer d'aller en boîte avec elle en compagnie de son frère aîné et de sa fiancée. Nous serions de retour à minuit. Cela déclencha un cyclone parental. « En boîte !! Mais il n'en est pas du tout question ! en boîte ! toi, en boîte ! », s'indigna-t-on. La mère d'Ingrid vint à la maison pour dire que son fils était sérieux et qu'on pouvait lui faire confiance. Très surpris de la voir arriver, mais furieux, mes parents m'autorisèrent à sortir jusqu'à minuit. Ma soirée était gâchée, j'avais envie de pleurer. Le frère d'Ingrid m'a ramenée à minuit pile. Mes parents faisaient une tête effrayante : c'était minuit passé.

Le lendemain après-midi, ils montèrent dans ma chambre où je me trouvais avec mon petit frère et ils devinrent très violents. C'était en lien avec la soirée de la veille. Ils se déchaînèrent sur moi. Marco se mit à hurler de terreur : « ne la tuez pas, ne la tuez pas ! »

Quand ils se furent bien défoulés, ils nous laissèrent tous les deux et mon petit frère me dit : « pourquoi ne leur obéis-tu pas ? Ils vont te tuer ! » Il avait six ans. J'ai essayé de le rassurer et je l'ai gardé longtemps contre moi.

Après mon hospitalisation, j'avais mis de l'ordre dans mes idées. Mon année universitaire n'était pas perdue : mes notes très moyennes au début, étaient devenues meilleures en philo et en latin et furent d'emblée très bonnes en espagnol. Je me rappelais que j'avais quitté une institution de faible niveau pour une université parisienne cotée.

J'étais capable d'apprentissage et de progrès. J'avais encore quatre mois avant les examens de l'Institut Catholique et de la Sorbonne.

Je ne resterais pas une autre année au Foyer. Je n'avais rien à reprocher à personne, mais je ne me plaisais pas dans ce milieu aisé très catholique. Et j'entendais que la pension coûtait cher. Mon père avait pourtant obtenu un prix spécial. Je l'ai su beaucoup plus tard en tombant sur un courrier. Je voulais avoir un vrai lit. J'avais besoin de vêtements, la somme d'argent qu'on consentait à me donner était ridicule, une fois mes livres achetés, il ne me restait plus rien. Même si j'avais trouvé des cours de français et de latin à donner à une élève de troisième et des enfants à garder le week-end. Je décidai de chercher un poste de pionne d'internat pour la rentrée.

Je ne rencontrais pas l'analyste à son cabinet, mais à l'hôpital de jour dont elle était la directrice : ma contribution financière n'était pas très élevée, mais pour moi chaque franc comptait. Chaque séance était une attente déçue. Je poireautais très longtemps au milieu d'adolescents psychotiques avant qu'elle vienne me chercher. Cela me mettait en colère et augmentait mes difficultés à parler. Elle me reçut en face à face, puis sur le divan et de nouveau en face à face. Elle passait la séance à fumer et ne disait jamais rien. Quand je lui annonçai que je m'inscrivais en psycho, car j'aimais les gens, elle me répondit que cela ne suffisait pas, d'aimer les gens. Ce qui en soi était vrai, mais dans le cadre de notre travail, ce n'était pas la réponse à me faire, elle aurait pu m'orienter vers autre chose…

La cuisinière du Foyer, avec laquelle je parlais souvent, m'invita dans sa famille en Andalousie. Et les amies que je m'étais faites l'année passée à Madrid m'invitèrent aussi à passer quelques jours chez elles. Pour payer mes vacances, je fis comme les années précédentes : je me retrouvai cette fois-ci dans une famille très sympathique où je devais aider la mère dans toutes ses tâches. Puis en juillet, je fus recrutée comme monitrice remplaçante au Centre héliomarin de Saint-Laurent de la mer, près de Saint-Brieuc.

Mes parents ne firent pas d'objection à ce que je trouve un emploi de pionne dans une institution religieuse, bien au contraire. Je pensais que si je prenais en charge mon gîte et mon couvert, on me donnerait un peu plus d'argent.

J'obtins un poste à l'École Jeanne d'Arc de Palaiseau. Je passai avec succès les épreuves de Propédeutique de l'Institut catholique et de la Sorbonne où je pus m'inscrire en première année de licence. J'étais beaucoup moins étonnée de cette réussite que de celle de mon bac l'année d'avant. J'étais peut-être entrée dans le processus de validation de mon existence.

Ce fut un très beau mois d'août. J'aimais la complicité qui existait entre nous, mes copines madrilènes et moi. J'étais heureuse de rendre visite à la Mère puis d'être accueillie dans la famille de Carmen, des agriculteurs de la plaine de Grenade. Et les nuits, magnifiques, au pied de la Sierra Nevada, étaient tellement plus fraîches que celles de Madrid. À mon retour, j'étais prête à attaquer ma licence et à prendre mon poste de pionne. Je me réjouissais d'avoir enfin une certaine autonomie.

Nous étions dans un grand magasin de La Rochelle pour acheter les fournitures scolaires de Vincent. Au rayon des vêtements, je vis un ensemble qui me plaisait et qui n'était vraiment pas cher. Je demandai à mes parents de me l'acheter, cela déclencha des réactions hostiles très bruyantes dans le magasin puis dans la voiture. Et en moi une immense rancœur, une immense tristesse. Ce n'était pas un caprice, j'avais besoin de vêtements. Ma mère me dit qu'elle me les ferait, que ça reviendrait moins cher. J'arrivai en pleurant chez mon oncle et ma tante qui nous avaient invités à déjeuner. Je racontai ce qui s'était passé. Mes parents étaient furieux, mais se retenaient. Qu'allait-on penser d'eux ? Après le repas, sans rien dire, l'air fermé, ils me ramenèrent au magasin, attrapèrent l'ensemble et allèrent le payer à une caisse. Sans un mot. On ne m'a pas proposé de l'essayer. C'est tout juste si on ne me l'a pas jeté à la figure. J'avais une peine immense alors que j'aurais pu avoir la joie d'un cadeau reçu. Je pris douloureusement conscience que je leur coûterais toujours trop. Ils savaient que j'avais besoin de vêtements, mais il fallait sans doute que je paie à l'avance le plaisir que j'aurais à les porter. Quand c'était ma mère qui les faisait, je payais aussi, avec les multiples essayages auxquels elle me soumettait, le prix d'une proximité physique insoutenable.

Je suis restée deux années scolaires à Palaiseau. C'était une petite institution tenue par une communauté de quatre religieuses. Elle accueillait les enfants depuis la maternelle jusqu'en troisième et comprenait deux classes de perfectionnement. La plupart des enseignantes étaient des laïques. J'avais la responsabilité d'une douzaine de pensionnaires dont les deux plus âgées avaient quinze et seize ans. Je remplaçais une femme qui venait de se marier, mais qui gardait son poste de professeure de français. La moitié des internes était scolarisée en classe de perfectionnement. Toutes avaient des difficultés scolaires et psychiques plus ou moins importantes. Je devais m'en occuper de dix-huit heures à huit heures le lendemain, du lundi soir au samedi matin. Je les retrouvais dans la grande salle qui faisait office de réfectoire le midi. Je les aidais dans leur travail et je les écoutais, je participais parfois à leurs jeux. La cuisinière qui vivait à côté nous déposait les repas dans ce qui était une petite cuisine attenante. Chacune devait prendre sa part pour mettre le couvert, débarrasser et faire la vaisselle. Il y avait dans cette espèce de fratrie des alliances et des inimitiés, des tensions, mais dans l'ensemble tout se passait bien. Ensuite, on montait l'escalier qui menait au dortoir juste au-dessus, aux douches et aux lavabos. Dans un coin du dortoir, j'occupais un petit box. J'avais un vrai lit, une petite table et un placard-armoire. Quand tout était calme, je redescendais travailler. Ce n'était pas le grand luxe, mais je me sentais beaucoup plus à l'aise qu'au foyer. Et on m'a proposé de donner des cours de latin et d'espagnol. C'était étrange, car je n'avais que le niveau Propédeutique dans ces matières, mais j'acceptai. Je n'étais pas payée comme un professeur certifié, mais cela me faisait un peu d'argent. Et j'arrivais à susciter l'intérêt et l'attention de mes élèves. Je constatai que l'enseignement ne me déplaisait pas.

J'étais heureuse, très heureuse d'avoir intégré la Sorbonne. J'ai adhéré rapidement à l'UNEF. Je rencontrai des gens qui voulaient changer le monde, combattre l'injustice sociale, en découdre avec la religion. En découdre avec la religion ! c'était donc un problème pour d'autres que moi ! Toute ma vie, on m'avait confinée dans un milieu dont on avait bloqué toutes les portes, on avait veillé à mes fréquentations et cette page était en train de se tourner !

Et je retrouvai Nadia, l'amie que je m'étais faite en troisième, au Cours Notre-Dame, celle qui m'avait fait découvrir Baudelaire et Sartre. Nous nous écrivions souvent depuis mon départ en Bretagne, elle avait une écriture tellement difficile à déchiffrer que mes parents avaient renoncé à lire ses lettres. Nous nous étions revues régulièrement. Elle était en licence de Philo et nous avions en commun, le certificat de Psychologie Pathologique. Elle est restée ma seule amie d'université. Pourtant je fis de nombreuses rencontres, souvent de circonstance, le temps d'un cours : on prenait les notes pour celui qui ne pouvait pas venir, il existait une solidarité entre les étudiants qui bossaient. Avec Nadia, c'était autre chose. Nous avions en commun une souffrance existentielle. Chacune percevait celle de l'autre.

Au cours de l'été précédent, lors d'une soirée chez mon amie Ingrid, j'avais croisé Gilbert et l'attirance entre nous fut immédiate. Il était étudiant ingénieur à l'École des Arts et Métiers et nous sommes sortis ensemble un certain temps. Très engagé politiquement, il militait au PSU. Je ne tardai pas à y adhérer également. Je me sentais réfractaire aux modèles chinois et soviétique, je percevais leurs dérives, mais je réprouvais tout autant le modèle capitaliste. J'étais contre les relations de pouvoir, j'étais contre l'hypocrisie bien-pensante de la vie ordinaire. Je croyais à l'avènement d'une société plus juste et plus vraie, moins verticale, avec un partage plus équitable des richesses produites par le travail. L'idée d'autogestion me séduisait particulièrement. Je me mis à lire Marx et Lénine.

Gilbert ne s'intéressait pas particulièrement au monde psychique, c'était un scientifique et un militant. Notre attirance physique du début finit par s'émousser et nous avons mis un terme à notre relation. Nous sommes restés longtemps amis. Anxieux tous les deux, nous n'étions pas sécurisants l'un pour l'autre.

Tout aurait dû bien aller dans ma vie : j'étais plongée dans mes études, mon job me plaisait, j'avais une autonomie financière, toute relative, mais nouvelle, j'aimais les moments passés avec Nadia, j'aimais l'ambiance de la Sorbonne, Gilbert et moi avions vécu ce que nous avions à vivre ensemble, j'aimais Paris, son anonymat, sa richesse culturelle, son effervescence universitaire. J'aimais ma liberté : je pouvais disparaître le week-end sans avoir de compte à rendre à personne. Et pourtant… je me sentais toujours coupable d'exister. Malgré la distance, ma mère était omniprésente : elle m'enserrait dans ses lettres où elle me contait avec force détails les événements familiaux, combien on m'aimait et avec quelle impatience on attendait de mes nouvelles. Elle exerçait une pression intense et permanente à laquelle je m'efforçais de répondre, car je devais, je voulais, être une bonne fille. Mais pour l'avoir entendu toute mon enfance, j'avais cet énoncé, gravé en moi, en lettres rouges et brûlantes : « *je suis une mauvaise fille* ». J'essayais souvent de mettre les compteurs à zéro, d'obtenir un solde de tout compte. Je n'y arrivais pas.

J'allais toujours voir l'analyste, mais depuis que j'étais pionne, je ne pouvais plus l'attendre indéfiniment, je ne devais pas être en retard pour prendre mon service. Je me fixais une heure de départ et parfois, souvent, elle arrivait dix minutes avant. J'étais dans une colère violente, tellement violente que je ne pouvais rien dire. Comment aurait-elle pu ne pas la deviner ? J'aurais dû la haïr, mais je pensais que je ne méritais pas qu'elle s'intéresse à moi. Je l'avais idéalisée et sans doute m'étais-je malgré tout attachée un peu à elle. Je ne songeais pas à aller voir quelqu'un d'autre, je croyais qu'on avait un seul analyste dans sa vie. Et surtout, surtout, la Mère de Madrid m'encourageait à continuer, elle lui faisait donc confiance, une confiance bien aveugle me concernant. Cette analyste ne me convenait pas. Il m'arrivait de lui écrire des choses importantes entre deux séances, mais faute d'aide de sa part et surtout de temps, elles n'étaient pas reprises.

Je rentrais de temps en temps à Saint-Brieuc. Mes parents me payaient les trajets. C'est à cette époque que je découvris que j'avais une bourse de l'enseignement supérieur. Comment était-ce possible ?

Personne ne savait ce que gagnait mon père, il refusait de le dire à ma mère et cachait ses bulletins de salaire. Mais il avait d'énormes avantages en nature et j'avais une bourse !

À chaque retour, mon petit frère me faisait la fête et ne me lâchait plus. On lui menait la vie dure. On voulait le dresser lui aussi. De son côté, Vincent essayait d'amortir les tensions. Dès que je me retrouvais là-bas, les rappels à l'ordre, les mises en garde, les vexations reprenaient. On semblait contents de me revoir, de me récupérer sans doute, mais le plaisir ne durait pas.

J'avais amené avec moi la jeune fille à qui j'avais donné des cours particuliers. Elle ne connaissait pas la Bretagne. Elle avait seize ans, deux sœurs aînées, mariées. Elle était livrée à elle-même et sortait beaucoup. Au début, tout se passa bien. Puis des copains d'Ingrid nous invitèrent pour le lendemain soir à une petite fête chez l'un d'entre eux et ce fut le tollé : « tu n'y penses pas ! Huguette est beaucoup trop jeune ! que vont penser ses parents ! ». Huguette demanda à les appeler et leur passa mon père. Il autorisait sa fille à sortir avec moi. « On va voir », lui fut-il répondu. Ce fut tout vu ! Nous pouvions nous distraire dans la journée et nous devions être rentrées pour le dîner. Huguette découvrait un autre monde que le sien.

On s'est tous retrouvés l'après-midi chez le copain qui organisait la fête le soir. Comme j'avais honte d'avoir de tels parents ! J'avais dix-neuf ans, je vivais à Paris depuis plus d'un an, et l'on m'empêchait de sortir.

J'étais tellement révoltée que je descendis une bonne partie d'une bouteille de rhum qui se trouvait là. Il nous fallut ensuite rentrer à la maison et traverser une partie de la ville. Je ne tenais plus sur mes jambes. On me soutint et tous me ramenèrent, sonnèrent et me livrèrent à mes parents. Ce fut à leur tour d'avoir honte. Ils étaient furieux, mais ils se sont retenus : Huguette était là. Je leur dis que j'avais bu du rhum. « Tu as mangé trop de crêpes au rhum, voilà tout, me répondit ma mère. Va donc te coucher, ça ira mieux demain ! ».

Mon père fut nommé directeur des services économiques à l'Hôpital Psychiatrique de Rennes. Ma mère brillait de tous ses feux dans l'action catholique briochine, mais cela ne lui déplut pas d'aller vivre dans la capitale bretonne, à cent kilomètres. Vincent pourrait faire ses études universitaires en vivant chez eux.

Leur nouveau logement était un appartement situé au premier étage et donnant sur la cour d'honneur de l'hôpital. Madeleine ne fut pas longue à trouver sa place dans ses cercles catholiques habituels et devint un membre actif de la catéchèse de la paroisse.

Françoise, une institutrice de l'école de Palaiseau et moi étions devenues amies. Nous allions au cinéma, parfois en boîte. Je menais une vie intense remplie par mes cours, mon job, des réunions d'étudiants, on notait déjà une certaine effervescence, et mes sorties avec Françoise. J'étais entrée dans une errance affective, incapable d'avoir une relation stable avec un garçon. Je me sentais tellement coupable d'exister. J'avais parfois l'envie d'en finir. Mais il y avait la pensée de mon petit frère. Écrire, des nouvelles et des poèmes, me faisait du bien.

Mes études me mèneraient pourtant bien quelque part, me disais-je quand je me sentais mieux. Je pensais alors que je voulais travailler autour de la folie, sur la folie, mais il fallait auparavant que je traverse et dépasse ma propre détresse et l'analyste ne m'était d'aucun secours.

Et puis ce furent les événements de mai, espérés, inespérés.

Je n'ai jamais lancé de pavé, mais j'aimais cette violence qui débordait de partout. Tout le monde se parlait, défilait, chantait, même les murs parlaient. C'était dans la démesure et je me sentis soudain beaucoup moins seule. Ma révolte n'avait jamais pu s'exprimer qu'entre les quatre murs de la maison. Et là, les vagues de contestation déferlaient comme un fleuve en crue avec ses revendications parfois folles. Le Quartier était devenu iconoclaste. Je n'en crus pas mes yeux quand je lus, écrit en gros et en noir : « *Comment peut-on penser à l'ombre d'une chapelle ?* » Notre société bien-pensante était mise à mal. Les lieux du Savoir et de la Culture étaient occupés. Dans les amphis, on assistait à des prises de pouvoir et à des luttes entre frères ennemis qui me lassèrent assez vite. J'allais à l'hôpital Sainte-Anne où l'on refaisait aussi le monde. Ce que j'y entendais faisait écho en moi. On y évoquait les expériences de psychothérapie institutionnelle, la place du fou dans la famille et la société.

Mes parents étaient dans tous leurs états ! S'ils avaient pu m'enlever et me séquestrer chez eux, ils l'auraient fait. Par la suite, ils accusèrent les événements de mai de tous les maux. On n'aurait jamais dû me laisser aller à Paris !

Comment pouvaient-ils être aussi aveugles pour penser cela ? N'avais-je pas le diable au corps depuis que j'étais née ? Comment avait-on pu l'oublier ? Mais jusqu'à présent, j'avais été fustigée, jugée, blâmée, montrée du doigt, en réaction, j'avais hurlé, blasphémé dans le huis clos de leur maison et maintenant la révolte envahissait l'écran de la télévision et les ondes, mettant à mal la raison, les dogmes, la bien-pensance. La révolte revendiquait sa légitimité !

Mais tout finit par rentrer dans l'ordre, un certain ordre, car on n'arrête pas le sens de l'Histoire. Si le capitalisme avait subi quelques secousses, il reprit rapidement ses droits, mais notre société puritaine prit définitivement du plomb dans l'aile.

Fin juin, j'ai obtenu ma licence. J'ai décidé de quitter mon poste de pionne à Palaiseau. On m'a proposé de garder les cours de latin et d'espagnol. Je trouvai une chambre de bonne, tout en haut d'un immeuble, dans le septième arrondissement, contre des gardes d'enfants. Les commodités, un point d'eau et des toilettes turques se trouvaient sur le palier. Mes propriétaires étaient de grands bourgeois très corrects et attentifs. Ils me demandaient de descendre chez eux deux soirées par semaine, pour veiller sur leurs trois garçons et en leur absence, je pourrais utiliser la salle de bain.

Je rentrai donc tranquille à Rennes où grâce à l'obtention de ma licence de psychologie, je fus prise dans un service de pédopsychiatrie de l'hôpital comme psychologue stagiaire pour le mois de juillet. J'y rencontrai un garçon qui venait aussi de valider sa licence à la Fac de Rennes et nous devînmes très amis. Nous découvrions en même temps le monde asilaire de la psychiatrie, et de même sensibilité politique, nous avions du plaisir à être ensemble. Le midi, je l'emmenais parfois déjeuner chez mes parents qui semblaient bien l'apprécier, car il venait d'un milieu catholique rural des Côtes-d'Armor.

Cela n'empêcha pas ma mère de faire un malheur quand nous sortîmes un soir retrouver un copain à lui, un étudiant en médecine qui s'intéressait à l'hypnose. Ce garçon qu'elle ne connaissait pas ne pouvait que réveiller les démons qui sommeillaient en moi. Comme mon ami me raccompagnait vers minuit, j'aperçus au loin mon père qui gesticulait sur le trottoir avec le concierge. Lorsque j'arrivai, il me dit d'une voix cassante : « souviens-toi que tu as une famille ! ». Je crois qu'il se retenait pour ne pas me frapper.

Ma mère était très agitée et criait dans son lit « Vierge Marie, sauvez ma fille ! ». L'interne de garde était venu à deux reprises et les tranquillisants qu'il lui avait fait prendre n'avaient servi à rien… J'avais honte pour eux et aussi pour moi. J'étais majeure, je vivais à Paris depuis trois ans et on se comportait ainsi avec moi.

Il y eut d'autres épisodes de même intensité. Celui où ma mère crut que j'allais entrer chez les Mormons fut surréaliste. J'étais soulagée de retourner travailler au Centre héliomarin de Saint Laurent de la Mer. Je serais libre comme l'air !

À l'hôpital, j'avais observé des enfants, parlé et joué avec eux, dans un service encore très classique et asilaire, le seul endroit où pouvaient demeurer ces jeunes, gravement autistes, psychotiques, laissés pour compte. Ils se trouvaient là pour vivre une vie qu'ils allaient poursuivre plus tard dans les services pour adultes chroniques.

Préventorium des décennies plus tôt, le Centre héliomarin de Saint Laurent de la Mer accueillait des jeunes venant souvent de milieux défavorisés. Certains pouvaient être violents, les problèmes somatiques n'étaient pas toujours au premier plan. Nous étions tous étudiants et nous remplacions les moniteurs en congé. L'argent gagné l'été précédent m'avait permis de retourner en Espagne, mais cette fois-ci, j'allais faire des économies pour l'année à venir. Notre service s'effectuant sur vingt-quatre heures, nous avions beaucoup de temps libre. Ce fut un mois d'août magnifique et chaud. Les nuits sur la plage étaient festives. Et j'avais plaisir à m'occuper des enfants. Ce furent de vraies vacances. Je retrouvai Ingrid et mes autres amis.

Je m'inscrivis en maîtrise. Je préparai aussi le diplôme de Psychologie Pathologique de l'Institut de Psychologie de la rue Serpente. J'avais déjà validé ma première année et obtenu le diplôme de Techniques Projectives. Ensuite, il ne me resterait plus qu'à chercher un emploi.

Tout se passait bien avec le couple dont je gardais les enfants deux soirs par semaine. Tout se passait bien dans ma vie d'étudiante, mais j'étais toujours en errance affective. Je sortais souvent avec Françoise qui était l'élément stable et maternant de mon existence. Nadia avait rencontré l'homme de sa vie et s'était mariée. Et j'ai continué à adhérer au PSU. Je croyais encore que la société pouvait connaître de profonds changements. Je défendais toujours l'idée d'autogestion dans les entreprises et dans les activités humaines.

L'idée me vint enfin que je pourrais rencontrer un autre analyste, qui me recevrait dans son cabinet et non dans un hôpital de jour pour enfants psychotiques, dès que j'aurais un emploi. Je prenais conscience que *je n'avais pas à être si mal traitée*. J'avais mis du temps à identifier la maltraitance de l'analyste, faite d'absence et de désinvestissement, si différente de celle que je connaissais, faite de harcèlement et d'intrusion.

Et je ne me disais pas : « mes parents me maltraitent », je me disais : « Mais pourquoi sont-ils aussi durs avec moi ? Y a-t-il une raison ? Quelle est-elle ? »

Aussi étais-je habitée par un sentiment d'incompréhension autant que d'injustice.

Des entretiens analytiques, je n'attendais pas seulement de pouvoir conter mes petites misères, je voulais valider le « *Rien n'est irrémédiable* » énoncé par la Mère à Madrid. Je voulais parler à l'analyste de ma culpabilité, de ma révolte et de mes blasphèmes contre Dieu. J'avais une vision judéo-chrétienne de l'analyse, finalement, c'était comme une confession laïque au terme de laquelle j'aurais peut-être pu me sentir soulagée, allégée, pardonnée.

La non-rencontre avec l'analyste était depuis presque cinq ans une nouvelle expérience de solitude.

En juin, titulaire d'une maîtrise de psychologie et d'un diplôme de Psychologie Pathologique, je fus de nouveau recrutée à l'hôpital psychiatrique de Rennes comme psychologue stagiaire, dans un autre service et je me suis inscrite à un voyage en Tchécoslovaquie avec des camarades du PSU.

L'année passée, à peine sortis des événements de mai, nous avions suivi avec une profonde tristesse la répression du Printemps de Prague. Dans ce séjour étaient prévues des visites, des rencontres avec des

Tchécoslovaques. Et nous allions assister au premier anniversaire de la fin de ce Printemps. Ce fut une expérience intense. Je découvrais Prague avec beaucoup d'émotion, la Ruelle d'or foulée par Kafka six décennies plus tôt, les synagogues, le cimetière juif, les musiciens du pont Charles et deux jeunes filles en robe blanche qui dansaient en contrebas sur les rives de la Vltava. Nous passions nos soirées dans les tavernes de Bohème. L'emprise soviétique était omniprésente, la tension palpable et les frontières fermées aux Tchécoslovaques. Des rencontres prévues avec des universitaires furent annulées. Et le jour de ce premier anniversaire de la répression, les rues du centre de Prague étaient noires de monde, mais les visages étaient graves et tristes. Cette immense manifestation silencieuse n'avait rien à voir avec l'aspect festif et libertaire des événements du mois de mai de l'année précédente. Le Printemps de Prague était mort.

J'ai commencé à chercher un poste de psychologue. Mon père prit contact avec ses collègues d'établissements hospitaliers parisiens.

En attendant, j'étais sans ressources. J'avais mis un terme à mon activité d'enseignante d'espagnol et de latin. Il me restait juste ma petite chambre de bonne contre mes deux gardes d'enfants par semaine. J'ai pris le premier travail que j'ai trouvé : celui d'employée de bureau dans les chaussures Bally. Je ne déjeunais pas le midi, le soir j'allais manger au restaurant universitaire. Insomniaque depuis toujours, je ne dormais plus du tout. Je ne recevais que des réponses négatives. Je commençais à me fissurer quand en décembre, on m'a proposé un remplacement d'éducatrice spécialisée dans une institution le temps d'un congé de maternité, après les vacances de Noël.

Après mon retour de Tchécoslovaquie, j'avais rencontré un homme dont j'étais amoureuse, beaucoup plus amoureuse de lui que lui ne l'était de moi. Pour m'en éloigner, j'accompagnai deux copains de Fac, sud-américains, à des fêtes dans lesquelles circulaient du cannabis, de la cocaïne et de l'alcool. Je me contentais de boire du rhum, mais dès que je ressentais une chaleur agréable dans mon corps, j'arrêtais. Cela se passait dans un confortable, vaste et luxueux appartement parisien d'amis de mes copains. Je m'y sentais bien, enveloppée dans la musique, pénétrée par l'odeur du cannabis fumé par les autres et réchauffée par la circulation du rhum dans mes veines. L'endroit était un peu comme un décor de théâtre avec des figurants qui évoluaient sur la scène. Les lumières étaient douces comme la musique. C'était la fin de l'automne et dans ma petite chambre, j'avais froid. Je rentrais avec le dernier métro.

À cette époque, envahie d'une angoisse apocalyptique qui survenait sans crier gare, je me rendis plusieurs fois aux urgences où j'obtenais anxiolytiques et somnifères contre l'engagement que j'irais voir un psychiatre. L'amitié de mon amie Françoise, l'estime de mes propriétaires qui savaient pouvoir compter sur moi étaient ce qui me raccrochait à la réalité. Je rencontrais parfois l'homme dont j'étais amoureuse et qui l'était un peu aussi et nous parlions beaucoup.

J'étais toujours inondée des courriers de ma mère. Jamais ma famille ne m'avait semblé aussi étrangère, mais je tenais à rentrer à Noël pour voir mon petit frère ; quand je décodais les lettres que je recevais, je voyais combien il était maltraité lui aussi.

Ensuite, je devais rejoindre un petit groupe pour passer la fin de l'année à la montagne. Mais je me retrouvai avec deux hommes, l'un s'était inscrit comme moi au séjour, l'autre, un gars du coin, s'occupait de l'intendance et des repas. Cela se passa tellement mal que deux jours plus tard j'étais de retour à Paris.

Je commençais mon remplacement dans l'Institut médico-éducatif de Seine Saint-Denis. Cela se passait bien. Mais je me demandais ce que j'allais devenir ensuite. Dès que je me retrouvais seule, j'étais en proie à de sombres ruminations. Je me sentais sans racines, sans parents, tellement en lambeaux. J'étais envahie par une douleur lancinante, presque physique, anxiolytiques et somnifères n'y changeaient rien. Je me mis à avoir peur dans ma chambre, alors je descendais dans les rues, mais les lumières et les bruits me pénétraient violemment.

Cette nuit-là fut particulièrement éprouvante : je ne savais pas si ce que j'entendais venait de moi ou de l'extérieur. En proie à la panique, je remontai dans ma chambre et je pris un certain nombre de comprimés, car je voulais dormir, dormir enfin, c'était la veille d'un week-end. Le lendemain dans la matinée, Françoise a frappé violemment à la porte et quand j'ai réussi à l'entendre et à ouvrir, elle est restée figée sur le seuil. Elle a appelé le centre où je rencontrais l'analyste et quelques heures plus tard, je me suis retrouvée à l'Hôpital Universitaire.

J'y suis restée une quinzaine de jours. La plupart des patients, étudiants ou non, étaient jeunes. Je me sentais rassurée d'être là. Les soignants, jeunes aussi, étaient attentifs. Je partageais ma chambre avec une femme un peu plus âgée, que son mari venait voir chaque soir. Et de ma vie, je n'avais jamais si bien dormi ! chaque matin, je rencontrais le même médecin, une femme très accueillante. Elle m'écoutait ! elle avait du temps pour moi !

Un après-midi, j'ai vu arriver l'analyste. Ma voisine de chambre a proposé de me laisser seule avec elle. Je lui ai répondu que ce n'était pas la peine et j'ai informé l'analyste qu'à ma sortie de l'hôpital, je rencontrerais quelqu'un d'autre. Je n'avais rien à lui dire. Je m'étais libérée d'elle, peut-être en était-elle soulagée.

Et je vis arriver mon père. Il avait pris rendez-vous avec l'assistante sociale qui nous reçut tous les deux. C'était toujours lui et lui seul qui s'impliquait dans ce genre de démarches faisant intervenir une tierce personne. Je lui servis un condensé de violence. Il prit pour deux. Quand ils se mettaient face à moi, ils ne faisaient qu'un seul corps !

Au bout de ces deux semaines, j'avais retrouvé l'espoir qui m'avait désertée. Je repris mes gardes d'enfants et mon remplacement d'éducatrice spécialisée. Mes propriétaires ne m'en voulurent pas de la gêne qu'avait occasionnée ma soudaine absence et se demandaient pourquoi je n'avais pas fait appel à eux quand je n'allais pas bien. Et on me donna des noms d'analystes.

Nous nous étions déjà croisés au restaurant universitaire. Un midi, assis à côté de moi, le garçon farfelu qui se trouvait avec lui m'avait demandé la permission de manger ma salade, j'avais refusé en riant.

Et ce samedi de février, chacun étant seul, nous avons déjeuné ensemble, au Mabillon. Ensuite, il me proposa de me faire visiter les Beaux-Arts et l'atelier d'Etienne Martin, dans lequel il faisait ses sculptures. Je fus impressionnée par celle d'une femme accroupie qui dévorait son enfant.

Il était d'Aix-en-Provence, il avait entrepris là-bas une licence d'espagnol, s'était inscrit aux Beaux-Arts de Marseille puis avait décidé de continuer en faisant les Beaux-Arts de Paris.

Nous nous découvrîmes un attrait commun pour la civilisation latino-américaine. Comme moi, il avait suivi des cours d'été en Espagne, dans un contexte festif de vacances. Âgé de vingt-huit ans, il était mince, assez grand, son beau visage fin, un peu anguleux me fit penser à celui d'un loup. Il émanait de lui une certaine aisance, faite de naturel et de simplicité. Plutôt qu'un accent, il avait des intonations provençales et une voix agréable, plus chaude que grave. Il me parla de son monde interne qu'il essayait d'exprimer à travers ses sculptures, de sa quête spirituelle qui l'avait fait s'intéresser à Lanza del Vasto et à Jung plutôt qu'à Freud. Il se disait apolitique et en 68, il avait mal vécu l'occupation des Beaux-Arts par les grévistes qui l'empêchaient de travailler. Il était contre l'Église, contre toutes les Églises. Il travaillait pour un sculpteur et cherchait à louer un atelier, car désormais diplômé, il avait fini son temps aux Beaux-Arts.

Il m'a écoutée attentivement quand je lui ai parlé de ma relation à mes parents. Pour lui, cela sonnait quelque peu familier : sa mère ayant beaucoup souffert d'avoir une mère très dure, une grand-mère qu'il détestait.

Marius s'intéressait à la vie psychique, il avait un côté libertaire, iconoclaste, qui compensait son apolitisme à mes yeux. Bien dans sa peau, il ne semblait pas se prendre au sérieux. C'était un artiste. Il était fantaisiste et jouait beaucoup avec les mots.

Quelques jours plus tard, je rencontrai ma seconde analyste. J'eus l'impression de sortir de ma non-existence ! Les trois séances hebdomadaires devinrent ce qui était le plus important dans ma vie.

Marius et moi ne nous quittions plus. Nous prîmes la décision de nous installer ensemble. J'ai trouvé une étudiante pour garder les enfants des propriétaires. Il a résilié la location de la chambre qu'il occupait chez sa vieille logeuse. Début avril, nous avons emménagé dans un atelier de peintre de quinze mètres carrés, au premier étage d'un petit immeuble d'une rue calme à Montparnasse.

Emménager était un bien grand mot : nous avions tellement peu de choses… Il fabriqua notre lit avec des planches. Une amie transporta sur le toit de sa voiture le matelas en mousse acheté au BHV. Nous avions un évier dans la chambre et des toilettes sur le palier. Je cuisinais sur un camping-gaz, ce qui ne nous empêcha pas d'acheter une cocotte-minute, mais nous mangions encore souvent au restaurant universitaire.

Je ne voulais plus rentrer à Rennes sans Marius. Avant même que nous arrivions, en stop, vers une heure du matin, tout le quartier savait que j'amenais mon fiancé !

Marius fut témoin d'une première scène violente entre ma mère et moi. Comme elle lui disait que j'avais été élevée dans des écoles libres, je répliquai : « Libres ! en tout cas contre mon gré ! » Elle hurla que ce n'était pas vrai, je hurlai plus fort. Mon père arriva, mis au courant de l'objet du conflit, il lui dit : « Tais-toi, Madeleine ! »

Il lui dit : « tais-toi, Madeleine », non pas parce qu'il prenait ma défense, mais une telle scène allait faire fuir un éventuel mari. Elle allait tout faire capoter !

Le fiancé que j'avais présenté comme un copain fut soumis à un interrogatoire qu'il passa avec succès.

Non, il n'allait pas à l'église, mais cela ne l'empêchait pas d'avoir une spiritualité !

Oui, ses parents l'avaient élevé dans la religion catholique et sa grand-mère était très pieuse.

Oui, ses parents allaient à la messe, à Pâques et à Noël.

Son père était médecin de famille à Aix-en-Provence, son frère aîné magistrat, le troisième pensait devenir notaire et le dernier dentiste. La famille venait du Vaucluse où l'on se retrouvait l'été.

Marius auquel j'avais dressé un tableau de mes parents ne fut donc pas surpris. Il se tint à la juste distance et sut conquérir mon petit frère, l'approcher, plutôt. C'était un bouleversement pour Marco de réaliser qu'il allait peut-être devoir partager l'affection de sa grande sœur avec quelqu'un d'autre. Il se laissa apprivoiser.

Mes parents demandèrent le numéro de téléphone de sa logeuse, au cas où on aurait besoin de me joindre, on pourrait passer par elle… En réalité, ils ne cherchèrent pas à savoir ce que nous faisions tous les deux à Paris. L'essentiel étant maintenant de me marier, il leur fallait ménager le prétendant. Mais grâce à leur réseau catholique, ils diligentèrent une enquête sur la famille. Mademoiselle Chrétien, une patiente du docteur, en dit beaucoup de bien.

Marius annonça à ses parents que nous vivions ensemble. La nouvelle ne déclencha aucune tornade, mais si j'accompagnais leur fils en Provence pendant l'été, ce serait en tant que fiancée. Nous nous sommes donc déclarés fiancés. Je fus très bien accueillie et découvris une famille détendue, tout à fait différente de la mienne. Ce fut mon tout premier contact avec la Provence.

Ne trouvant toujours pas de poste de psychologue, une fois mon remplacement d'éducatrice terminé, je pris tout ce qui se présentait : je fus employée de bureau pour les Restaurants Jacques Borel, commis temporaire au bureau des entrées de l'hôpital communal de Neuilly, vacataire au ministère de l'Agriculture. Enfin en octobre, je fus recrutée comme psychologue à l'Hôpital Psychiatrique de Clermont-de-l'Oise.

J'y rencontrai François Sanchez, le chef de service qui prenait ses fonctions en même temps que moi. C'était quelqu'un de simple et d'humain. L'hôpital était un asile, les infirmiers, des gardiens. L'un des pavillons, Mignard 1, était une vraie cour des miracles où je passais beaucoup de temps, assise au milieu des patients. C'était pour moi un endroit étrange et familier, qui me rappelait les représentations de l'Enfer de mon enfance avec ses habitants coupés du monde, en proie non pas à des flammes, mais à leur délire, à leurs obsessions, à leur résignation, à leur abandon d'eux-mêmes, car ils s'étaient désertés. Je mis toute ma ténacité et toute ma passion à partager des moments avec ces réprouvés ; ces êtres de l'ombre avaient un jour cessé d'être des sujets.

Mes séances étaient fécondes. J'existais à travers mon analyste, dans une dépendance transférentielle totale. Je faisais l'expérience d'une mère bienveillante. Et j'étais bien avec Marius. Je lui trouvais du talent. J'étais heureuse de partager ma vie avec quelqu'un qui donnait naissance à des sculptures.

Rapidement, notre chambre nous a semblé trop petite. On proposa à Marius un temps partiel dans un hôpital de jour pour adultes psychotiques, où il animait un atelier de sculpture. Il trouva aussi des cours d'arts plastiques à donner dans une école d'Éducateurs.

Nous avons fini par quitter la rue Campagne Première pour la rue Saint-Jacques. C'était un deux-pièces vétuste au fond d'un vieil immeuble. Nous avions un peu plus d'espace ; attenant à la chambre, une pièce qui possédait un évier et un chauffe-eau deviendrait notre cuisine. Pour le reste, nous continuerions à fréquenter les douches municipales et les toilettes turques sur le palier. Avec l'autorisation de la propriétaire, Marius ouvrit une fenêtre entre les deux pièces qu'il rénova, il installa des étagères, fit une soupente. Il était extrêmement ingénieux et méticuleux.

Nous avons annoncé ce que tout le monde attendait : nous allions nous marier. Nous avions envie de continuer à vivre ensemble, il nous fallait passer par la case mariage. Ce serait le treize avril de l'année suivante. Et nous avons laissé nos familles organiser la suite au prix de certaines concessions. Si nous ne passions pas par l'église, les parents de Marius ne viendraient pas. Ce n'était pas une question de croyances, mais de conventions. Nous n'allions pas polémiquer pour une bénédiction.

Mais le conflit éclata pour autre chose, entre ma mère et moi. Je ne voulais pas de robe de mariée et j'avais trouvé une tenue qui la fit hurler quand je la lui montrai deux mois avant le mariage. Un pantalon et une tunique blanc cassé, en lin, et une gandoura en laine beige que je porterais par-dessus. Cette tenue m'évoquait la traversée biblique du désert vers la Terre promise.

J'ai reconnu que je devais trouver quelque chose de plus habillé. Nous sommes parvenues à un compromis : elle allait me faire un manteau léger que je porterais sur le pantalon et la tunique qu'on ne verrait pas beaucoup. Nous sommes tombées d'accord sur le tissu et quand je suis rentrée à Rennes deux jours avant le mariage, j'ai sincèrement admiré son travail. Le manteau sobre, élégant, original m'allait très bien. Elle avait eu raison !

Mais voilà ! Quelques heures avant la cérémonie, elle m'amena un ensemble pantalon tunique d'une blancheur éblouissante dont elle avait dû trouver le modèle dans un catalogue de tenues de mariage et que j'étais censée porter au moins à l'église. Elle me présenta l'ensemble comme une belle surprise, le cadeau d'une mère aimante à sa fille, car elle avait passé ses nuits à coudre. Je me sentais noyée dans un océan de rage et de chagrin. Malgré les prières de mon grand-père, la requête de mon père, j'ai tenu bon. Elle me dit alors qu'elle n'oublierait jamais l'affront que je lui avais fait. L'affront ! Elle me gâcha une journée que je redoutais déjà, car je devais jouer un rôle, car je me trouvais sur le devant de la scène face à des spectateurs que je n'avais pas choisis pour la plupart, des connaissances et amis de mes parents.

J'ai en effet *affronté* ma mère qui voulait une fois de plus me réduire à néant. Et refusant de me laisser réduire, je lui fournissais la trame du roman qu'elle allait construire à travers ses lettres aux amis qui n'avaient pas pu se déplacer. J'en ai retrouvé plus tard les brouillons travaillés et raturés, il fallait adapter la version à chaque destinataire. Elle ne manquait pas d'imagination ! Mais qu'aurait-elle donc inventé si je ne m'étais pas opposée à elle ?

Ce fut pour moi une période de rencontres et d'échanges intenses.

Parmi les internes et psychologues qui travaillaient à l'hôpital, je me fis des amis. Nous étions encore dans l'après 68. Tous, ou presque, en analyse, nous avions toujours l'espoir de changer le monde. Certains dans la démesure et l'exacerbation narcissique disparaissaient quelque temps de leur service et faisaient des pauses pour se retrouver. Nous nous parlions de nos lectures, de nos expériences, de nos analystes. Et contrairement à la Fac où chacun faisait l'apologie de son parti, nous avions une réflexion commune sur la psychiatrie. Certains militaient dans des organisations trotskystes et maoïstes, d'autres au Parti Communiste, d'autres, plus rares, n'avaient pas d'engagement politique. Parfois, nous nous retrouvions à l'internat pour faire la fête le temps d'un week-end. Marius m'accompagnait et nous dormions sur place.

Je trouvais en François Sanchez, le chef du service, une représentation de père. C'était quelqu'un de très modeste. Sa femme racontait son histoire, ses engagements aux côtés de Frantz Fanon à l'hôpital psychiatrique de Blida en Algérie, son emprisonnement et les tortures qu'il avait subies.

Je ne l'idéalisais pas : je le voyais dans toute son humanité. Nous avions une estime réciproque et un grand plaisir à parler ensemble. Dans ce lien affectif autant qu'intellectuel, nous avions trouvé une distance faite de pudeur et de spontanéité.

Déçue par les luttes partisanes, j'ai fini par ne plus adhérer au PSU. Les combats écologiques n'étaient au programme d'aucun parti. Seuls existaient les Amis de la Terre. Lucide, j'ai anticipé très tôt les catastrophes climatiques que nous sommes en train de vivre. Le premier sujet sensible fut celui des centrales nucléaires contre lesquelles nous allions manifester, Marius et moi. Nous partagions des idées communes même si j'étais bien plus combative.

Je n'avais jamais eu envie d'accumuler des richesses, je n'avais jamais envié ceux qui vivaient dans le luxe. Enfant, j'avais sans doute envié ceux que je voyais aimés de leurs parents, mais je pensais ne pas mériter cet amour. Ils avaient juste la chance d'avoir un destin différent du mien. Puis j'avais remis en question l'idée de mérite et préféré celle de justice et de partage. Et avec l'analyse, avec cette seconde analyste, je commençais à me donner le droit d'exister, je réalisais que ma pensée pouvait être reconnue, qu'elle pouvait intéresser, qu'elle pouvait être subversive sans être condamnée. En mai 68, j'avais délaissé les amphis pour aller sur le terrain, à l'hôpital Sainte-Anne. Je continuais sur ma lancée. L'orientation que je donnais à mon travail de psychologue en institution psychiatrique était politique et s'étayait sur les expériences de psychothérapie institutionnelle, passées et en cours, avec Tosquelles, Basaglia, Gentis et modestement avec François Sanchez et ceux qui travaillaient avec lui.

Marius non plus n'avait pas le désir d'accumuler des richesses. Il avait en lui celle de l'amour de sa mère, j'avais remarqué le plaisir qu'elle avait à le retrouver. Il voulait pouvoir faire ses sculptures. Il avait des goûts simples que je partageais. Nous lisions beaucoup, nous fréquentions la cinémathèque, nous entrions parfois dans une pâtisserie arabe, rue de la Huchette boire un thé à la menthe. Très rarement, nous allions au restaurant chinois près de chez nous. Je m'étais mise à la cuisine asiatique, j'achetais les produits rue Monsieur le Prince. Les autres courses, nous les faisions dans un petit supermarché de la rue de Seine. C'était agréable de manger ce que nous voulions. Terminés, les restaurants universitaires qui nous avaient nourris des années durant. Nous avions les mêmes goûts. Il était sobre aussi sur le plan vestimentaire, possédait deux ou trois pantalons en velours côtelé, quelques chemises, deux ou trois pulls et sa veste en peau de mouton retournée qui faisait partie de sa silhouette.

Son allure me plaisait. Je portais des jupes longues et des tuniques brodées. Je n'avais pas beaucoup de vêtements, mais ils m'allaient bien.

La question de dépenses liées à des vacances ne se posait pas : nous allions chez nos parents, en Bretagne ou en Provence. Ma mère était moins violente depuis notre mariage. Elle savait que désormais, j'avais un allié. Il lui arrivait parfois de me coincer pour critiquer la forme ou la couleur ridicules d'un de mes vêtements et je l'envoyais sur les roses. Mais je m'inquiétais pour mon petit frère sur lequel elle continuait à s'acharner. Alors quand nous venions quelques jours ou le temps d'un week-end, il ne nous quittait plus.

Mes parents appréciaient Marius, son aisance et sa fantaisie. J'avais un mari ! qui l'eût cru ! leur honneur était sauf. Je sentais que ma belle-mère m'aimait bien : je rendais son fils heureux. Les amis de chacun, sculpteurs, psychologues, psychiatres, sont devenus des amis communs que nous avions plaisir à rencontrer.

Il s'était trouvé un atelier. Tout allait bien. Mais je ne voulais pas rester indéfiniment dans un appartement sans salle de bain ni toilettes, alors qu'il semblait se contenter de ce que nous avions. Ses temps partiels lui rapportaient peu d'argent. Ses projets d'avenir étaient flous. L'enseignement ne l'intéressait guère. Il exposait parfois une sculpture dans des salons d'artistes. Il parlait de travailler avec des architectes. De violents orages finirent par éclater entre nous. Puis, je me disais qu'il fallait lui laisser du temps, qu'il ferait bien quelque chose de tout son talent. Je croyais en lui, mais je ne vivais pas pour lui. J'avais pris ma vie en main et j'avançais sur mon chemin.

On m'a proposé un poste de psychothérapeute dans une institution, compatible avec mon travail à l'hôpital et très bien payé, à cent kilomètres de Paris, en Picardie. Je commençai à mettre de l'argent de côté.

Dans mon service, j'étais reconnue et appréciée alors que certains collègues rencontraient des difficultés. Leur désir d'introduire du changement, d'impulser du mouvement se heurtait parfois à l'immuabilité de l'asile. J'avais de la chance. J'avais de la chance, mais j'étais dépendante. Un jour, François Sanchez quitterait ce service. Allais-je devoir le suivre ? Comment serait son remplaçant ? J'aimais mon travail dans l'institution, avec les équipes de soignants et les patients. Cet investissement, je le retrouvais chez certains internes qui étaient devenus des amis. Une fois leur internat terminé, ils passeraient le concours des hôpitaux ou s'installeraient comme psychiatres ou psychanalystes.

Et l'idée me vint que je pourrais entreprendre des études de médecine. Une idée un peu folle que j'aurais peut-être balayée dans un contexte différent. Il fallait laisser du temps à Marius pour qu'il réalise ses sculptures. Sa précarité matérielle ne semblait pas l'inquiéter tant qu'il avait la possibilité de travailler dans son atelier. Il ne faisait toujours pas de projets. C'est moi qui le dérangeais avec mes questions. Je voulais sortir de l'inconfort. J'aurais été seule, je me serais trouvé un joli petit studio. J'aurais été seule… C'était pourtant bien d'être à deux, il me fallait être patiente, ne rien attendre de lui dans l'immédiat. Il me fallait ne compter que sur moi et ne pas rester passive.

Alors, j'ai examiné mon projet : les trois premières années, la Faculté de médecine de Paris XIII organisait des cours du soir pour étudiants salariés. C'est ainsi qu'en octobre 1972, je me retrouvai inscrite en première année. J'ai gardé mes deux journées de psychothérapeute et je me suis mise en disponibilité de l'hôpital psychiatrique. Ma démarche suscita toutes sortes de réactions. Bien peu misaient sur ma réussite. François Sanchez m'a encouragée avec beaucoup de bienveillance. Mon analyste est tombée des nues. Mon inscription en médecine n'était donc pas un fantasme, mais une réalité. Mes parents m'ont demandé ce que Marius en pensait. Cela n'avait pas été source de conflits entre nous, ce qu'il en pensait au fond de lui-même, je n'en savais rien. Mais je sentais bien que la précarité matérielle de son gendre n'était pas sans inquiéter mon père.

L'intensité avec laquelle se déroulait ma vie changea de cadre : je troquai entretiens, réunions, discussions avec patients et soignants contre des cours d'anatomie, de chimie, de physique… Je rencontrai ceux avec lesquels j'allais entreprendre le parcours du combattant de l'étudiant en médecine salarié. De belles amitiés naquirent dont certaines durent encore. Nous étions moins disponibles que ceux qui venaient de quitter le lycée, mais nous avions l'avantage d'une certaine maturité, l'expérience d'études précédentes en Faculté ou dans d'autres écoles pour les kinésithérapeutes et sages-femmes. Et la solidarité existait entre nous qui passions beaucoup de temps à bosser ensemble.

Je ne laissais pas tomber mes autres amis. Nous nous retrouvions à des manifestations. En effet, ces années-là furent riches en événements dramatiques avec les assassinats commis par Franco et le coup d'État de Pinochet au Chili. J'en étais profondément atteinte et je continuais à perdre mes illusions sur la possibilité d'un monde plus juste.

Nous passions au crible les journaux d'annonces immobilières. Le type d'appartement que nous cherchions à louer était trop cher. Nous regardions aussi les ventes. Certaines annonces semblaient intéressantes. En deux ans, j'avais épargné. Marius avait mis de côté l'argent qu'il avait reçu au fil du temps de son adolescence. Nous disposions chacun d'une somme équivalente.

Après bien des déboires et des déceptions, nous avons visité un deux-pièces-cuisine au troisième étage d'un immeuble situé à Jaurès dans une petite rue de bars et de restaurants étrangers devant lesquels discutaient des hommes, Antillais, Maghrébins et d'autres nationalités. Un immeuble modeste, mais moins vétuste que celui dans lequel nous vivions rue Saint-Jacques et plus habitable que son voisin d'en face, insalubre. Les vendeurs, un couple de charcutiers à la retraite, nous firent visiter leur bien. À droite en entrant, une pièce en L qui donnait sur la cour de l'immeuble. Au bout d'un couloir, à droite également, une petite cuisine. Au fond, un placard très profond et à gauche, la seconde pièce qui donnait sur la rue. Il n'y avait ni chauffage ni salle de bain et les toilettes étaient sur le palier, mais il serait possible de les installer ultérieurement en transformant la pièce en L en pièce rectangulaire. Le bâtiment faisait partie d'un ensemble de quatre bordant une cour sur laquelle donnait la loge de la concierge située face au portail d'entrée de l'immeuble.

Cet intérieur était déjà bien mieux que celui dans lequel nous vivions et avec quelques travaux, nous pourrions le rendre confortable et agréable. L'ambiance peu engageante de la rue en aurait certainement découragé certains, mais celle-ci débouchait sur le boulevard Sécrétan, très animé avec ses nombreux commerces et le parc des Buttes Chaumont se trouvait tout près. Et surtout le prix modique de cet appartement nous le rendait accessible.

Aussi est-ce sans regret que nous avons quitté le Quartier latin pour nous retrouver dans un milieu tout à fait différent, populaire et aux multiples accents. L'endroit était très bien desservi par les métros et l'accès à la Fac et à mon travail plus direct.

En mai 1973, nous étions chez nous. Marius se mit à l'ouvrage et en très peu de temps, notre appartement perdit son aspect vieillot et fané et devint un lieu lumineux et agréable. Il réalisa de très jolis meubles pour la salle à manger. Mais, faute d'argent, nous avons attendu longtemps avant de pouvoir faire installer des sanitaires et un chauffage central. Il nous fallut continuer à fréquenter les douches municipales, les toilettes turques sur notre palier et à tirer d'une pièce à l'autre notre Butathermix. Enfin, les travaux se firent, au noir, et s'étirèrent dans le temps. Ils furent réalisés pour un prix très modique par un plombier alcoolique en quête de relations humaines chaleureuses.

Je ne fus pas reçue au concours de première année de médecine. Ma moyenne n'était pas mauvaise, mais il existait un numerus clausus. Ayant obtenu un bac philo sept ans plus tôt, j'avais envisagé dès le départ l'éventualité d'un redoublement. Les copains qui le passaient pour la première fois échouèrent également, mais cela ne nous découragea pas : il nous fallait bien deux ans pour nous remettre à niveau. Nous allions continuer à bosser ensemble.

Et au terme d'une nouvelle année très studieuse, mais non dénuée de quelques moments festifs, nous avons célébré notre succès : nous étions admis en seconde année. J'avais franchi la première étape, cruciale.

J'avais toujours mes séances d'analyse. Les matières sur lesquelles je me focalisais dans le cadre de mes études me protégeaient de mes angoisses toujours bien présentes, inexpugnables. Dès que je me posais un peu, je me sentais coupable d'exister, même si je n'avais plus les représentations de l'Enfer de mon enfance. J'avais envie que l'analyste me refasse. Alors qu'elle me voyait comme une jeune femme qui avait beaucoup changé, qui avait pris de l'assurance, qui réussissait ce qu'elle entreprenait. Je connus un épisode de dissociation extrêmement éprouvant qui céda au bout d'une quinzaine de jours. L'analyste ne pouvait pas entendre ce reste qui insistait. Peut-être n'avait-elle pas été assez loin dans son propre travail psychique. Peut-être aurais-je dû continuer avec quelqu'un d'autre. Je n'en avais même pas l'idée, j'étais très attachée à elle.

Et puis lors d'une séance, j'ai réalisé qu'elle était enceinte. C'était étonnant pour moi qui l'imaginais seule et la voyais relativement âgée. Ma réaction fut de lui dire que j'étais heureuse pour elle et que j'espérais que le papa était content. J'étais sur le divan, je n'attendais pas de réponse, en tout cas pas celle qui est parvenue à mes oreilles : je fus glacée par le « non » que j'entendis, prononcé avec une grande tristesse. À travers ce bref échange, j'étais devenue la confidente de mon analyste et cela mettait fin au travail que nous pouvions encore faire ensemble. Je réalisai que mon épisode de dissociation, resté pour moi très énigmatique coïncidait avec la période de conception de son bébé et quand je me lançai sur cette piste, elle le prit très mal : qu'allais-je chercher là ? Avancer avec elle ne serait plus possible, la quitter non plus…

Elle eut une petite fille et semblait épanouie dans sa maternité tardive.

Une crise ébranlait l'institution où je travaillais comme psychothérapeute. Cette crise qui ne put pas être élaborée aboutit au licenciement du directeur et de sa femme. J'ai décidé de partir moi aussi. François Sanchez venait d'obtenir un second poste de psychologue et me le proposa. Je me retrouvai donc de nouveau dans son service avec un temps pour l'hôpital et un autre pour le secteur, dans le Val d'Oise, beaucoup plus proche de chez moi.

Je continuai à bosser avec une copine et souvent le week-end avec mes copains et c'est ainsi que je réussis ma deuxième, puis ma troisième année de médecine. Je garde de cette période un excellent souvenir de partages, d'amitié, de solidarité.

Durant mes séances, j'imaginais la relation que l'analyste avait avec sa petite fille. À travers un baby phone, placé dans son bureau, des bruits de bébé parvenaient parfois à mes oreilles.

Je n'avais jamais eu de désir d'enfant. Moi, la maudite, l'ancienne damnée, moi qui n'arrivais toujours pas à me sentir légitime dans l'existence, comment aurais-je pu désirer mettre un petit être au monde ?

Tout l'entourage de ma mère était en admiration devant elle, mais jamais, au grand jamais, je n'aurais voulu être une mère comme elle et pourtant, tous la disaient merveilleuse… La *merveilleuse* mère avait une *mauvaise* fille.

J'avais fini par réaliser qu'on pouvait voir les choses autrement : deux mondes, avec des *valeurs opposées* s'affrontaient. C'était cet état des lieux, l'affrontement de ces deux mondes, qui avaient provoqué les événements de mai 68.

Pour préserver mon espace psychique, il aurait fallu que je coupe définitivement les relations avec mes parents. Mais ils malmenaient Marco. Nous nous devions, comme Vincent, de rester très présents à ses côtés.

Quatre ans plus tôt, j'avais rencontré la bienveillance d'une autre femme et à travers son écoute, je m'étais mise à exister, je m'étais branchée sur elle. Lors de notre première rencontre, j'avais amené la petite fille, la jeune femme, mais aussi la presque collègue. Engagée sur la même voie, je la voyais devant, pas si loin, et j'avais envie de la suivre. Contrairement à la première analyste qui avait mis le panneau « Route barrée ». Je ne sentais aucune hostilité de sa part, et quand j'évoquais mon travail, il y avait toujours la référence à une éthique que nous partagions.

Pendant quatre ans, j'avais donné libre cours à mes phantasmes et brutalement, je me trouvais plongée dans sa réalité, la réalité de sa grossesse, mais surtout celle de son chagrin : son amoureux ne désirait pas être le papa de l'enfant qu'elle attendait. Elle avait ressenti l'envie d'être mère et moi qui avais un mari, je n'arrivais pas à la suivre. Je sentais bien qu'elle ne comprenait pas mon non-désir d'enfant. Mais ce qu'elle ne comprenait pas surtout, c'est que j'étais branchée sur elle, greffée sur elle et que je n'avais pas de racines. Elle ne le comprenait pas, car pour elle, avoir des racines était une évidence. Cette question revenait régulièrement puis était balayée par d'autres questions sans doute moins dérangeantes…

Je ne voyais pas son bébé, mais je l'imaginais et j'en parlais souvent. Et puis un jour, comme j'allais partir, je découvris la petite fille sur la moquette de l'entrée, elle devait avoir autour de neuf mois. Sa maman l'a relevée et l'a tournée vers moi. C'était une jolie petite brune aux immenses yeux très bleus, j'ai dû dire quelque chose comme « elle est très mignonne » et je me suis retrouvée avec elle dans les bras, elle m'a regardée, a commencé à pleurer en se tournant vers sa maman à qui je l'ai rendue immédiatement.

J'étais bouleversée. Pourquoi, mais pourquoi mon analyste avait-elle fait ça ?

Je me gardai bien d'aborder la question sous l'angle du pourquoi. Je ne voulais pas la blesser. Sans doute n'allait-elle pas bien, peut-être se sentait-elle très seule. Et j'étais incapable de partir puisque j'étais branchée sur elle. Elle m'avait permis d'exister, ici et maintenant, mais dans une forme d'horizontalité. Plus que jamais, j'avais le sentiment que la survenue de mon épisode de dissociation était liée à ce moment de la conception de son enfant et au bouleversement de l'arbre qui me portait…

Et quelques mois plus tard, l'envie d'être mère m'est tombée dessus, violemment. Il serait tentant de penser que c'était lié à ce fameux passage à l'acte. Disons que c'est arrivé quelques mois plus tard, dans un certain contexte. Cette femme n'était pas une guerrière, comme ma mère, au contraire, elle avait envie que j'existe, que je jouisse de la vie sans culpabilité, elle avait ouvert une porte. L'avait-elle un peu forcée ? La femme à laquelle j'étais attachée était devenue mère, je l'imaginais comme une maman aimante, infiniment aimante, alors, pourquoi ne pourrais-je pas être comme elle ? Son enfant n'était pas, comme moi pour ma mère, une enfant voulue par Dieu, elle l'avait faite avec un homme. Je me rappelais les trésors de tendresse que je déployais toute petite auprès de mes poupées et ensuite auprès de mon petit frère. Je m'étais toujours sentie capable d'aimer un enfant et maintenant lui donner le jour me semblait possible.

Marius accueillit la nouvelle avec prudence, se demandant si mon enthousiasme allait durer. Je savais qu'il souhaitait avoir des enfants, mais nous n'en parlions jamais. Jamais il ne me le rappelait. Jusqu'alors, il n'y avait pas eu de place dans nos vies pour un tel projet. Mais l'envie, soudaine, impérieuse, d'être mère s'était emparée de moi. Nous avions un endroit maintenant pour accueillir un bébé et j'espérais que la perspective d'être père le ferait bouger.

Je me retrouvai enceinte en juin. Je venais de valider ma troisième année de médecine. À la rentrée, j'allais commencer mes stages d'externe. Je passerais toutes mes matinées dans le service que j'aurais choisi. Et les après-midi, je me rendrais à Clermont pour faire l'équivalent de mes trois journées de psychologue. Ce serait sans doute épuisant. Mais je refusais l'idée de lâcher mes études. Nous apprîmes, ma copine et moi, que travaillant dans la fonction publique, nous pourrions prétendre à une bourse d'État. Cette bourse n'avait encore jamais été attribuée à des étudiants en médecine, mais nous aurions le soutien du doyen de la Faculté. Nous en avons fait la demande.

L'été fut caniculaire. Nous dormions enroulés dans des serviettes mouillées. À Saint-Jean, l'annonce de ma grossesse rendit mes parents très heureux. Ceux de Marius se réjouirent aussi de l'arrivée d'un sixième petit-enfant, le premier enfant du fils préféré de ma belle-mère. Comme d'habitude, nous fûmes très bien accueillis et je fus l'objet de beaucoup de sollicitude.

De retour à Paris, je commençai mon premier stage d'externe en service de rhumatologie et je pris contact avec la clinique où je souhaitais accoucher. Le gynécologue qui m'examina trouva mon col utérin un peu raccourci alors que j'étais à trois mois et demi de grossesse et à l'auscultation, il entendit un intense souffle systolique. Il me demanda de consulter en cardiologie. Il s'avéra que c'était un souffle veineux jugulaire, dont le bruit se projetait sur ceux du cœur et qui ne devait pas avoir d'incidence sur ma grossesse même si j'étais essoufflée au moindre effort.

C'était une bien curieuse histoire qui commençait avec un événement dramatique, mais pas pour moi, survenu trois ans plus tôt. Ce matin-là, on apprit que Franco venait de faire exécuter un jeune indépendantiste anarchiste par le supplice du garrot. Bouleversée, j'avais pleuré une partie de la journée comme si j'avais été un proche de ce garçon et même comme s'il s'agissait de moi puisque sans arrêt, je touchais mon cou. Et le soir, j'ai senti sous mes doigts un léger frémissement palpatoire dont je vérifiais régulièrement l'existence par la suite. L'avais-je avant ? Je ne le saurai jamais.

Enfant, j'avais été très impressionnée par la période de la Terreur qu'on avait étudiée en cours d'histoire. J'en avais rêvé : je m'étais réveillée au moment où j'allais être guillotinée, mais ce rêve n'était pas resté à l'état de rêve puisque pendant des années, j'ai pensé que c'était le sort qui m'était réservé…

J'étais préoccupée et triste. J'avais tellement espéré que Marius, devenant père, cherche à sortir de sa précarité matérielle. Cela ne semblait pas le soucier. Il vivotait grâce à son temps partiel et il allait à son atelier. Cela lui suffisait. Nous étions ensemble depuis plus de six ans et nous avions dû économiser chaque centime pour arriver à avoir chauffage, salle de bain et toilettes dans notre appartement. J'aurais juste aimé que nous soyons un peu plus à l'aise. Mais il ne faisait aucun projet et cela m'inquiétait. Mes journées et mes soirées étaient riches de travail, d'études et de rencontres, mes nuits étaient d'une infinie solitude.

Et puis, la menace d'un accouchement prématuré se précisant, je dus réduire mes activités. Mise en arrêt de travail, je percevais l'intégralité de mon salaire de psychologue. J'ai pris la décision de faire cette quatrième année en deux ans. Je me rendrais à mes cours et je validerais toute la partie théorique et l'année suivante, j'effectuerais mes stages. Je perdais une année, mais je ne voulais pas mettre en péril l'existence de mon bébé.

Quinze jours avant la date prévue, Aude est arrivée dans notre terrier. Belle et vigoureuse, affamée, donnant de la voix. Elle avait la sensualité d'un petit chat. Ce n'était pas une enfant de Dieu ! Ce fut un immense bonheur. Marius s'occupait remarquablement de sa petite fille, il n'était pas anxieux, comme moi. Pendant quelque temps, nous nous sommes occupés d'elle, à tour de rôle, avant de lui trouver une nounou, car il n'y avait pas de place en crèche.

Il a fini par obtenir un poste de gardien de nuit dans un musée et fut affecté au Petit Palais. Il travaillerait une nuit sur deux en semaine et les nuits d'un week-end sur deux. Entre les rondes, il pourrait lire, se reposer et même dormir. La garde se prenait à deux. Cela lui laisserait du temps dans la journée. J'étais immensément soulagée. En attendant notre départ en Bretagne que nous évoquions de plus en plus souvent, il serait fonctionnaire des musées de la Ville de Paris.

En leur donnant un statut de grands-parents, je rendais mes parents heureux, très heureux. C'était bien la première fois, avec toutefois une ombre au tableau : il n'y aurait pas de baptême. Ma mère, en bonne Croisée, pensait que je lui livrais un nouveau combat, mon père était très atteint, car il avait échoué à me transmettre sa foi et son esprit de soumission à Dieu. Mais ils étaient comblés par l'arrivée, sans doute tardive à leurs yeux, de leur petite fille. Ils se gardèrent donc d'évoquer directement la peine que nous leur faisions et nous accueillirent autour d'un joli repas de fête.

Et dans un parc, Marco nous a présenté Olivia, son amoureuse. Ils se trouvaient dans la même classe de terminale du lycée catholique dans lequel mon frère, au terme d'un long combat, avait obtenu d'être interne. Il avait résisté au harcèlement et à l'omniprésence maternels, et la violence des conflits était devenue telle que mes parents avaient cédé. Certes, le règlement était strict, mais ne voyant plus sa mère surgir sans cesse derrière lui, il avait trouvé une certaine paix et s'était remis à étudier. Fasciné par les mouvements autonomistes bretons, il avait rencontré des militants, peut-être avait-il une fois ou deux distribué quelques tracts, mais souvent bouclé à la maison, il se contentait de découper dans Ouest-France tous les articles concernant les manifestations, les actions de ces militants et leurs procès. Aux Scouts, il faisait partie d'une patrouille de joyeux fêtards. L'année précédente, le camp avait eu lieu dans le Finistère chez un agriculteur pisciculteur bretonnant, très sympathique. Il était devenu une référence pour Marco qui rêvait d'y retourner. Mes parents s'y opposaient, car le pisciculteur avait des idées libertaires.

Puis il a rencontré Olivia. Ils ont passé leur bac et jusqu'à l'été, ils ont réussi à garder leur relation secrète. Quand mes parents découvrirent que leur fils était parti avec une fille, quelques jours, pendant les vacances, la guerre fut déclarée. Mon père convoqua « la fille », ainsi l'appelait-on, pour la sermonner dans son bureau. Elle fit preuve de beaucoup d'aplomb, l'intimidation ne marcherait pas. Mon frère n'atteindrait sa majorité que quatre mois plus tard, mais la fille avait dix-huit ans, ils pensèrent un moment porter plainte pour détournement de mineur. Ils n'en firent rien, car s'ils étaient déboutés, ils devraient payer la procédure.

Olivia s'est inscrite en Fac de Droit, Marco à l'IUT de Chimie. Leur projet était de vivre ensemble, dès que mon frère serait majeur. Ils allaient chercher un travail compatible avec leurs études. Ma mère activa son vaste réseau bien-pensant : Olivia, victime de médisances, perdit le poste de pionne qu'elle venait d'obtenir, elle n'était pas un bon exemple pour les élèves. Mes parents n'avaient pas renoncé à récupérer leur fils. Ils le pensaient sous emprise, mais ils croyaient le tenir, car il dépendait encore d'eux matériellement. Ils redoutaient que pour le garder, la fille se fasse faire un enfant. On leur demanda de consulter un psychologue âgé de plus de quarante ans ! J'en déduisis qu'avec mes dix ans de moins, j'étais encore bien loin de la maturité professionnelle.

Mes parents s'acharnaient sur leur fils comme ils l'avaient fait sur moi. Mais ce n'était plus la même époque. Marco serait bientôt libre. Dans leur conception, le temps de l'amour venait après celui des études. Le temps de l'amour ? Le temps du mariage. Pas d'amour sans mariage ! Pas d'amour sans morale ! Marco était amoureux ? Il verrait plus tard ! ils étaient incapables de se mettre à la place de leur fils. Ils étaient ulcérés de voir que nous le soutenions. Ils le pensaient incapable de se débrouiller seul. Ils continuaient à diaboliser la fille.

Olivia et Marco réussirent leurs examens. Elle trouva un poste de pionne dans un autre collège privé, lui, un travail très pénible la nuit à Ouest-France. Ils s'installèrent dans un petit studio. Un soir, le directeur de l'École de Chimie vint chez eux pour dire à mon frère qu'il devait quitter l'IUT pour intégrer l'École de Chimie. Marco lui répondit qu'il travaillait la nuit pour payer ses études. Le directeur prit l'initiative de rencontrer mon père pour lui demander d'aider son fils. Qu'allait-on penser de lui s'il refusait ? À contrecœur, il accepta de faire un chèque que Marco viendrait chercher chaque mois et dont le montant fut calculé au plus juste. Mon frère a arrêté son travail de nuit. Mais c'est le salaire d'Olivia qui leur permettait de vivre. Je les aidais ponctuellement, mais j'étais moi-même très juste financièrement.

Cette démarche du directeur de l'École de Chimie, non ébruitée, eut une importance capitale. C'était la première fois qu'un enseignant reconnaissait la valeur de mon frère au point de venir le chercher et de plaider sa cause. C'était la première fois qu'un adulte se portait garant de lui. Quel cadeau pour Marco !

Pendant les premiers mois de l'IUT, jusqu'au jour de ses dix-huit ans, il devait rendre compte de son emploi du temps que ma mère avait obtenu par l'une de ses connaissances bien placées, le travail de culpabilisation, visant à saper sa relation avec Olivia, s'était intensifié. Tout en désapprouvant le comportement immoral de son fils, mon père fut peut-être un peu déstabilisé : un universitaire pensait que son fils égaré était quelqu'un de bien et s'il avait raison ?

Le cursus de Marco à l'École de Chimie aboutit quelques années plus tard à une brillante thèse avant qu'il intègre le CNRS.

J'ai passé mes examens de quatrième année avec succès et repris mon travail à l'hôpital de Clermont. Mon stage débutait en octobre. Avec Aude, pourrais-je encore jongler avec le temps ?

Et puis, la nouvelle est arrivée ! l'immense nouvelle ! la bourse nous était accordée ! je pleurai de soulagement : j'allais pouvoir être étudiante à part entière, pour la première fois de mon existence et j'aurais du temps pour m'occuper de ma petite fille. Je me suis mise en disponibilité. François Sanchez m'apprit alors qu'il quittait le service pour un poste dans le Val-d'Oise.

Je choisis de faire mes premiers stages à l'hôpital Jean Verdier, à Bondy. Il y avait de bons services et une crèche ouverte à l'ensemble des personnels, médecins et externes pouvaient y mettre leurs bambins. Cela tombait bien, nous avions découvert que l'assistante maternelle d'Aude gardait de plus en plus d'enfants, trop pour pouvoir bien s'occuper de chacun.

Ce furent des années denses, intenses, dures parfois, mais d'une grande richesse.

J'effectuai un stage de chirurgie puis de médecine interne, cela me prenait mes matinées, je déjeunais au self de l'hôpital puis j'allais chercher Aude à la crèche et nous rentrions à la maison. Je prenais les gardes les veilles d'examens pour permettre à mes camarades de réviser. Je découvrais une nouvelle relation à l'autre à travers son corps malade, j'étais attentive au langage de ce corps. Mon passage en médecine n'allait pas me détourner de mes anciennes amours. J'aurais aimé m'arrêter à ce langage, mais je devais me cantonner à mon rôle d'externe. En cinquième année, je me retrouvai en gynécologie puis en pédiatrie.

Aude venait d'avoir deux ans. J'eus envie d'avoir un autre enfant. Cette fois encore, c'est moi qui en ai parlé, mais je savais mon désir partagé. Le contexte était moins anxiogène. Marius avait acquis un statut de fonctionnaire pour un poste qui lui laissait du temps pour sculpter. Il avait beaucoup de plaisir à s'occuper de sa fille, j'étais tout à fait rassurée quand je prenais mes gardes. Il me restait un an de stages avant d'être tirée d'affaire.

Quelque temps plus tôt, nous apprîmes que nos voisins de palier vendaient leur appartement, deux pièces séparées par une plus petite avec juste un évier, sans les moindres commodités. Nous avions presque fini de rembourser le crédit de notre logement, le prix étant accessible, nous nous sommes portés acquéreurs. L'immeuble en face, insalubre, allait être démoli et notre rue était régulièrement le théâtre de règlements de compte entre les clients des bars mal famés, mais cela se passait dans la nuit.

Nous avons obtenu, difficilement, un nouveau crédit. Marius ne ménagea pas sa peine. Il ouvrit une porte dans le mur de séparation des deux appartements et nous eûmes bientôt trois pièces en enfilade plus celle qui donnait sur la cour de l'immeuble.

Je me retrouvai enceinte en mai. Dès mon retour de vacances, le gynécologue s'inquiéta de l'état de mon col utérin. Le verdict tomba : je pouvais marcher et vivre normalement, mais je devais éviter les transports, quels qu'ils soient, pendant ma grossesse. Cela me fit l'effet d'une bombe. Il me serait impossible de faire mon futur stage et j'allais perdre ma bourse. Allais-je devoir arrêter mes études si près du but ? J'aurais tellement aimé que Marius m'aide, qu'il trouve, temporairement, une source de revenus, mais je l'agaçais. De nouveau, je me sentis dans une insondable solitude.

Malgré les recommandations du gynécologue, j'effectuai mon dernier mois de stage en pédiatrie. Près de chez nous se trouvait la Fondation Rothschild, un hôpital privé de bonne réputation. Et si j'obtenais de pouvoir y faire mon prochain stage ? J'allais plaider ma cause à la Fac et j'eus la chance d'être entendue. L'enseignant responsable des stages des étudiants appela le chef du service ORL de la Fondation Rothschild qui accepta de me prendre comme externe. J'en fus immensément soulagée.

Aude venait d'entrer à l'école, je l'y déposais le matin et quelques minutes plus tard, j'arrivais dans le service. L'interne, l'infirmière et moi avions élaboré un poste d'externe qui n'existait pas. J'ai beaucoup appris, j'ai fait ce que j'ai pu pour essayer de me rendre utile.

J'étais de nouveau très essoufflée. Je retournai voir le cardiologue. Il me reçut avec bienveillance et me dit qu'avant une troisième grossesse, il faudrait explorer mon souffle veineux, mais il n'était pas inquiet. Mes journées avaient pris un rythme de croisière. J'allais très rarement à la Fac, pour passer un examen. J'observais les recommandations du gynécologue. J'avais suspendu mes séances d'analyse à cause des longs trajets en métro. Mais je me sentais incapable d'y mettre fin. J'étais dans des zones que mon analyste n'avait jamais traversées. Elle semblait dépassée.

Pendant les premières années, chacune bien à sa place, nous nous étions attelées aux chantiers de mon existence. Nous avions déblayé le chaos, tracé des chemins, dégagé des formes et des reliefs. Un tableau, harmonieux, s'était révélé. J'aurais pu m'en contenter, ignorer les tempêtes faisant rage aux confins de cette fresque et les secousses ébranlant le terrain. J'arrivais à les tenir à distance, la plupart du temps. Presque une décennie plus tôt, après une expérience désastreuse avec une première analyste, je m'étais lancée dans cette nouvelle aventure avec passion. J'analysais mes rêves, je faisais des liens et des interprétations face à un matériel psychique intarissable. J'espérais impressionner mon analyste, je voulais être aimée d'elle. J'avais mis à distance mon destin de damnée, mais valider mon existence était une tout autre histoire… Je suivais sa trace, mais j'étais déjà sur ce chemin le jour de notre rencontre quand, mon diplôme en poche, j'étais en quête d'un emploi de psychologue. Je suivais son chemin, car je la percevais vraie et généreuse. Quand j'évoquais mon travail, je sentais que nous étions sur la même longueur d'onde.

Je vivais avec un homme, j'étais mariée, il ne manquait plus que les enfants. Finalement, c'est chez elle que l'enfant était arrivé, mais l'homme, qu'elle aimait, refusait cette paternité. J'aurais dû ignorer tout cela. Je me serais inventé le roman familial d'une petite fille heureuse entre son papa et sa maman heureux d'être ensemble. J'ai au moins pu imaginer une mère comblée par l'enfant qu'elle avait désirée et j'aimais à penser que c'était la réalité. La petite fille n'était pas une enfant de Dieu ni du Diable. C'était un enfant de l'amour, d'un amour malheureux peut-être, mais d'un amour quand même.

Et puis quelques mois plus tard, quand elle me la mit dans les bras, je sentis son petit corps bien chaud, je vis son regard étonné et apeuré chercher celui de sa mère et son visage fondre en larmes. Je ne saurai jamais le pourquoi de ce moment énigmatique ni sa part dans la survenue de mon désir d'enfant, mais un maillon avait été remis dans la chaîne des générations. L'enfant de ma mère-analyste était une petite fille de chair qui la rendait heureuse. J'avais enfin une représentation positive de la maternité. J'avais enfin l'envie d'être mère.

J'étais une mère aimante. Mais qu'allais-je transmettre à ma petite fille ? Qu'allaient devenir les malédictions de mon enfance ? Mais nous étions deux. Marius avait de l'assurance pour deux. Notre petite fille avait deux parents qui s'occupaient bien d'elle, à tour de rôle ou ensemble. Dans l'ici et maintenant, tout était partagé et notre organisation fonctionnait bien.

Mais j'anticipais la suite. Je voulais apporter à mes enfants une sécurité matérielle et j'avais entrepris de m'en donner les moyens. J'avais mobilisé toute mon énergie pour mettre ma petite famille à l'abri du besoin. J'étais en train d'atteindre le but et brutalement tout était remis en question : je perdais ma bourse si je ne faisais pas mon stage. Comment pourrions-nous vivre ? Il ne me restait plus qu'à demander ma réintégration à Clermont dès la fin de mon congé de maternité. J'aurais donc déployé cet immense effort pour rien !

La solidarité, dans notre couple, s'arrêtait au partage des tâches quotidiennes. Heureusement, j'avais rencontré le soutien et la compréhension de mes enseignants.

Je me suis remise à douter de tout sauf de mon amour pour Aude et pour mon futur bébé, mais il me fallait continuer à avancer, j'avais trouvé une solution au problème de mon stage, je naviguais à vue, petite coquille de noix sur une mer intérieure démontée.

Je me sentais de nouveau dans une immense errance psychique. Malgré tout, je tenais bon. Mon stage marchait bien, et je passais mes examens, Aude se plaisait à l'école, mais je la trouvais très anxieuse.

Puis un soir, le côté droit de mon cou devint très douloureux et enflé. Je faisais une phlébite de la veine jugulaire, celle qui produisait le souffle. Après une consultation en cardiologie, je passai une échographie pelvienne afin d'évaluer la maturité de mon bébé. Et l'accouchement fut décidé pour le lendemain.

Lou est né le vingt-quatre janvier vers midi, un jeudi. C'était un très beau petit garçon, aux cheveux clairs et aux traits fins. Plus frêle qu'Aude à sa naissance, il était arrivé quinze jours plus tôt. Une fois dans une chambre où je me retrouvai seule, j'ai reçu ma première injection de Calciparine, les anti-inflammatoires et le Parlodel pour stopper la montée de lait. Sous anti-coagulants, je ne pouvais pas allaiter. Mon cou me faisait mal. Mais surtout j'étais folle d'inquiétude et d'angoisse. Je croyais que mon petit garçon allait mourir de faim, de soif et de froid. Il semblait être bien contre moi et puis il se mettait à pleurer, j'interprétais ses pleurs comme une manifestation de son désespoir. J'eus la visite d'un pédiatre qui l'examina devant moi et tenta de me rassurer. Mais je me sentais craquer de partout. Je ne voyais pas d'avenir et pourtant, ce tout-petit, comme je l'aimais !.

Marius arrivait à le faire boire et ne semblait pas inquiet. Cela me rassurait un peu. Ma mère était venue s'occuper d'Aude.

Lou avait trois semaines et nous avons pris le train pour aller à Rennes où ma mère était repartie quelques jours plus tôt. Nous étions heureux de l'emmener faire la connaissance de son grand-père et de ses tontons. Il était dans mes bras quand j'ai senti son petit corps traversé de secousses : il faisait une crise d'épilepsie. Nous venions de passer Laval, il restait une heure de trajet. Il continuait à avoir des secousses, il faisait un état de mal épileptique. J'étais dans un état de panique et d'agitation effrayant. Notre petit garçon était en train de mourir.

Mon père nous a immédiatement déposés aux urgences pédiatriques du CHU. Les secousses s'étaient calmées, l'examen clinique s'avéra normal, mais l'interne garda notre bébé en observation dans le service pour la nuit. Le tracé de l'électroencéphalogramme ne présentait aucune anomalie, le bilan biologique non plus. D'où venaient donc ces secousses ? On ne nous donna pas d'explications.

Il n'eut plus de secousses généralisées, mais des clonies, des décharges des bras et des jambes. J'étais immensément inquiète. Je continuais à penser qu'il était atteint d'une maladie évolutive et incurable. Il eut de nouveaux examens complémentaires, tous s'avérèrent normaux.

Lou avait six mois. C'était un magnifique petit garçon qui s'éveillait tout à fait normalement. Je préparais mon examen de Thérapeutique. Je venais de m'acheter le Manuel de Pédiatrie de Perelman, la Bible en la matière, Perelman dans le service duquel j'avais effectué un stage de six mois, l'année précédente. J'abordai le chapitre Neurologie, j'arrivai à la section « myoclonies » et je lus que les myoclonies de sommeil étaient physiologiques chez l'enfant et qu'elles pouvaient persister à l'âge adulte. Après avoir relu cette phrase un nombre incalculable de fois, je me sentis définitivement soulagée.

J'avais consulté un certain nombre de médecins, pédiatres et neurologues, pour mon petit garçon et aucun d'entre eux ne m'avait clairement dit que les myoclonies de sommeil étaient physiologiques. Aucun n'avait évoqué les myoclonies de sommeil. Au terme de mes études de médecine, je découvrais qu'il existait des myoclonies de sommeil ! Marius présentait les mêmes manifestations, la nuit, quand il dormait ! mais je n'avais pas fait de liens avec les décharges de mon bébé.

Je guéris de ma phlébite du cou. On ne lui retrouva pas d'étiologie. Le caillot s'était dissous et je n'avais plus le moindre souffle. Ces épisodes veineux sont restés pour moi une énigme.

La rencontre avec l'assistante maternelle de Lou fut une belle rencontre. Cette femme chaleureuse, directe, sans façon, l'accueillit avec beaucoup d'enthousiasme. Elle avait mon âge, deux gentils enfants, Silvia et Ivan, et un mari Yougoslave très aimable. De la voir ainsi à l'aise avec mon petit garçon m'ouvrit le chemin de ma rencontre avec lui. Malade, déprimée à sa naissance, j'étais une mère bien incertaine. Je la sentais sûre et ma confiance en elle ne fut jamais déçue.

J'effectuai mon dernier stage d'externe en dermatologie, à l'hôpital Avicenne de Bobigny, je passais mes derniers examens. J'avais terminé mes études de médecine !

Et dans la foulée, je me retrouvai à faire un remplacement d'une quinzaine de jours dans un cabinet de médecine générale, un peu malgré moi. Ce fut une expérience intéressante et stressante. Stressante, car il n'y avait plus d'interne pour vérifier ce que je faisais. Cela confirma ce que je savais déjà : je ne voulais pas examiner le haut de l'iceberg, mais les profondeurs sous-marines.

J'obtins un poste de faisant fonction d'interne dans un service de psychiatrie de l'hôpital intercommunal d'Aulnay-sous-Bois où je retrouvais une amie très proche, déjà titulaire du concours. Ce fut une expérience surréaliste, à mille lieues de l'esprit de la psychothérapie institutionnelle qui restait ma référence. La connivence qui avait toujours existé entre elle et moi m'aida à affronter la folie ambiante. J'avais maintenant un salaire d'interne et les trajets par la gare du Nord étaient rapides. Je pouvais aller chercher Aude à l'école, puis Lou chez sa nounou. La vie était belle !

Nous avions bien quelques gardes à l'hôpital, mais nous n'étions appelés que pour les patients présentant des troubles psychiatriques, un interne en médecine étant aussi sur place. Pendant ce temps, Marius s'occupait des enfants.

Je préparais le concours de l'internat en psychiatrie. J'allais à des conférences et j'avais glané les observations de patients sorties aux différents concours. J'avais renoué avec le monde dont je m'étais écartée quelque temps, celui de mes premières études et de mes premières années de travail. Désormais, je devais intégrer à mes expériences passées l'aptitude à prescrire un traitement.

À la fin du semestre, le poste d'interne que j'occupais à l'hôpital d'Aulnay-sous-Bois fut choisi par un titulaire et mes recherches d'un autre poste dans les hôpitaux de la proche banlieue s'avérèrent vaines. Mais François Sanchez revenait à l'hôpital de Clermont. L'un des trois postes d'interne étant resté vacant, il me le proposa. Ma sécurité matérielle était assurée, mon année de stage interné serait validée.

Cela me fut étrange au début de travailler comme interne avec lui. Je retrouvai dans l'équipe médicale dont je faisais partie, une ancienne amie de la fin des années soixante qui prenait son premier poste d'assistante.

Même si venir à Clermont relevait toujours d'une expédition, en train ou en voiture, j'étais soulagée de quitter l'hôpital d'Aulnay-sous-Bois. François Sanchez était arrivé avec son esprit d'ouverture, son expérience et son humanité. Pour avoir déjà travaillé avec lui, j'étais celle qui le connaissait le mieux. Mes collègues se sentirent rapidement à l'aise. Il lui arrivait parfois de nous emmener déjeuner chez lui. Sa femme était heureuse de nous recevoir. L'esprit de convivialité animait leur maison.

Dans le service, chacun était totalement responsable de ses patients, nous avions des réunions où nos échanges étaient vivants. Il se trouvait encore des infirmiers en milieu ou en fin de carrière, de tradition asilaire, qui devaient redouter des changements trop brutaux. Mais la simplicité et la prudence de leur nouveau chef de service les rassurèrent.

Les gardes à faire dans cet immense hôpital étaient éprouvantes. Nous connaissions à peu près le secteur dans lequel se trouvaient les pavillons de nos services, mais il y avait deux annexes situées l'une à deux kilomètres du centre, l'autre à cinq, en pleine campagne. La première épreuve consistait à repérer le lieu d'où venait l'appel. Dans la nuit et le froid, avec un vieux véhicule qui hoquetait souvent, c'était parfois dantesque. Nous devions gérer toutes les urgences, psychiatriques et médicales. Certains pavillons de patients chroniques étaient de vrais déserts médicaux où les internes ne passaient pas. Des pathologies lourdes, non traitées, s'aggravaient et on appelait l'interne de garde. C'était un parcours de combattant quand nous devions faire hospitaliser un patient en médecine. Nous étions deux internes de garde qui ne nous connaissions pas toujours. La plupart venaient de Paris, quelques-uns habitaient sur place.

Nous avions décidé de quitter Paris. Seize ans plus tôt, j'avais laissé famille et amis, sans regret, car c'était une question de survie. J'avais troqué l'univers fermé et hostile de mes parents contre un monde indifférent, anonyme, difficile, mais où tout était possible. Ce déplacement avait un prix : je m'étais éloignée de ma terre d'adoption : la mer me manquait, les arbres me manquaient, l'air me manquait. Les parcs parisiens étaient des petits échantillons de nature dont je ne me contentais plus. La densité urbaine m'envahissait désormais, avec ses bruits incessants, ses sirènes d'urgence, ses odeurs d'essence. Pendant seize ans, j'avais mené un combat que j'avais gagné. Très lentement, notre cadre de vie s'était amélioré, mais les transports longs et pénibles pour aller travailler me coûtaient.

J'étais arrivée à Paris, seule, sans aide, le bac en poche. Nous étions quatre maintenant, j'avais acquis un bagage nous permettant de sortir de la précarité. Je souhaitais que la nature soit présente au quotidien dans notre vie et non plus juste un luxe de vacances. À Paris, nous n'avions ni le temps ni l'argent pour sortir tous les deux. Il nous arrivait exceptionnellement de prendre une baby-sitter. Marius emmenait parfois Aude au cinéma. Nous allions aux Buttes Chaumont dès que c'était possible. Nous rencontrions nos amis chez eux ou chez nous, la plupart étaient eux-mêmes devenus parents.

J'avais envie de retourner en Bretagne, ma Terre d'adolescente en détresse, d'adolescente clandestine, d'adolescente en errance. Les brèves escapades. Le clocher de l'église de Pordic pointant dans un ciel lourd de nuages un soir d'été. Saint Laurent de la Mer, la maison sur la butte qui dominait la baie de Saint-Brieuc et plus tard, enfin libre de tout compte à rendre, les fêtes sur la plage une fois le service terminé au centre héliomarin. La musique qui se mêlait au bruit des vagues. Les slows qui nous faisaient jaillir sur la piste de danse du Bateau ou du Radeau. Christophe, Adamo, Les Beatles et bien d'autres… Ensuite, Brel et Brassens, Joan Baez et Moustaki dans l'intimité de ma chambre, ou celle de mon amie Ingrid.

Puis ce fut la Renaissance bretonne : le temps de Stivell, Servat et Glenmor. Nous étions à Paris. Mes frères s'étaient mis à la langue bretonne, dansaient aux Fest Noz. Bientôt, Marco commença à jouer de la bombarde et à s'intéresser aux mouvements autonomistes. Ils se sentaient, se vivaient Bretons. La Bretagne m'avait touchée, d'une manière invisible et je voulais la retrouver. Le vent, l'air, la mer avaient là-bas une saveur que je ne trouvais pas ailleurs. Ce charme, cet envoûtement, ce magnétisme, Stivell, Servat, Glenmor le contaient, chacun à leur manière.

Marius aimait bien la Bretagne, ses rivages, ses paysages intérieurs. Les rochers de la côte nord lui rappelaient la Provence. Nous étions tombés sous le charme austère de l'île dc Sein et l'année suivante, le printemps à l'île de Groix nous avait ravis. C'étaient les deux seules semaines de vacances que nous avions prises tous les deux, en dehors de nos familles. Ensuite, avec les enfants, nous avons découvert le pays bigouden et le Finistère Sud. Il se voyait bien vivre en Bretagne. Qu'y ferait-il, en dehors de ses sculptures ? Les villes de province ne faisaient pas appel à des gardiens de nuit pour leurs musées. J'espérais qu'à la faveur de ce changement radical, il se mobiliserait enfin pour exister.

Mes parents finirent par reconnaître et accepter l'existence d'Olivia dans la vie de Marco au moment où celui-ci s'apprêtait à couper les ponts avec eux. Mon père dut le sentir. Il ne voulait pas rompre avec son fils qui persévérait dans sa vie amoureuse tout en réussissant brillamment ses études. Désormais, on les invitait tous les deux à déjeuner. Olivia avait passé les concours d'attachée territoriale après avoir renoncé à préparer celui de la magistrature, faute de temps, car elle assurait toujours une grande part de la vie matérielle du couple. Elle venait d'obtenir un poste à Brest et rentrait tous les week-ends. Ils vivaient maintenant dans un plaisant petit deux-pièces d'un immeuble de la rue de Fougères. Ils émergeaient d'une longue galère. Mon petit frère semblait enfin heureux. Il allait commencer une carrière de chercheur.

Vincent avait rencontré Hélène qui vint s'installer chez lui. Marco avait défriché le chemin. On fit moins d'histoires. Et puis il avait trente ans, Hélène, vingt. Il était professeur d'histoire géo dans un collège privé à Quimper.

Ma mère voulait briller à travers ses enfants et nous lui en donnions enfin l'occasion : une fille médecin, mariée et maman de deux enfants, l'aîné des fils « engagé dans l'enseignement libre », ce qui en réalité n'était pas un choix. Et le second s'apprêtait à entrer au CNRS.

Nos enfants rendaient mes parents heureux. Mon père était très doux avec eux comme il l'avait été avec Vincent tout petit. Ma mère, enjouée et vivante. C'était bien la première fois que j'étais source d'une satisfaction réelle et durable pour eux.

Je fus nommée interne en psychiatrie au Centre Hospitalier Spécialisé en Psychiatrie de Rennes, l'endroit où mon père avait terminé sa carrière de directeur des services économiques deux ans plus tôt. Je prendrais mes fonctions début janvier.

Deux grands studios équipés d'un coin cuisine et d'une salle d'eau et situés côte à côte en haut d'un escalier nous furent attribués dans un petit bâtiment de l'internat. Une grande baie ouvrait sur un petit jardin. Sous chaque studio se trouvait une place de parking qui donnait sur une rue de l'hôpital. Il fallait sortir pour gagner le bâtiment principal de l'internat, juste à côté et au rez-de-chaussée duquel se trouvaient le salon, la salle à manger, une cuisine. Un escalier menait à des chambres occupées pendant les gardes ou par des hôtes de passage.

Nous étions seulement cinq à vivre sur les lieux. L'ensemble des internes venait y déjeuner. Parfois les conjoints se retrouvaient là avec leurs enfants qui jouaient ensemble ou regardaient des dessins animés à la télévision du salon. Deux jeunes femmes fort sympathiques faisaient la cuisine, un vieux patient était détaché au service des repas. Un peu enfantin, très gentil, il était gratifié par sa fonction qui lui offrait des possibilités d'échanges avec les internes et leur progéniture.

Le soir, nous étions beaucoup moins nombreux. Dans la cuisine, le frigo était rempli des restes du midi, de yaourts, de fromages, d'œufs et de toutes sortes de choses. Il y avait toujours de quoi se restaurer. Les fruits, le vin, le café ne manquaient pas et nous avions à notre disposition le grand fourneau si nous voulions cuisiner quelque chose. Tout cela faisait partie de nos avantages en nature.

L'ambiance de l'internat de Rennes était différente de celle des internats de Clermont-de-l'Oise ou de la région parisienne. Elle était plus familiale. Le trésorier, et le président qui établissait la liste des gardes, jouissaient d'une certaine autorité. L'absentéisme n'existait pas. On ne passait pas dans les services entre deux trains, les grèves de la SNCF n'avaient aucune incidence sur le travail des médecins, puisque tous résidaient dans la ville ou les communes avoisinantes.

Il y avait dans cet internat un côté bourgeoisie de province qui me déroutait un peu. Ceux qui étaient en fin de parcours, qui s'apprêtaient à s'installer ou qui venaient de prendre un poste d'assistant avaient une allure très classique, certains faisaient déjà vieux. Mais tous étaient accueillants. Tous avaient fait ou faisaient leur CES de psychiatrie à la Faculté de Médecine de Rennes, tous avaient eu les mêmes enseignants alors que dans la région d'Île-de-France ou de Picardie, les internes venaient des nombreuses Facultés parisiennes.

Notre existence était devenue beaucoup moins trépidante.

Les locaux de l'école Jeanne Jugan, située à quelques minutes de l'hôpital, se trouvaient sur un vaste terrain. L'accueil des enfants de maternelle se faisait entre huit heures trente et neuf heures le matin. C'était plus tranquille qu'à Paris où nous devions amener Aude avant huit heures trente, ensuite la concierge fermait la porte pour la matinée. Notre petite fille se plut tout de suite dans sa nouvelle école. Elle allait avoir cinq ans. C'était une enfant vive, sensible, attachante. Elle y trouva tout de suite sa place, s'y fit une amie qu'elle a toujours et de nombreuses copines. Notre petit bonhomme rencontra une nouvelle assistante maternelle, très douce, qui sut l'apprivoiser. Il restait très attaché à sa nounou parisienne avec laquelle nous avons gardé des liens très longtemps.

En prenant sa retraite, mon père avait laissé son appartement de fonction et loué un trois-pièces au centre-ville. Nous prîmes l'habitude de venir déjeuner chez eux le samedi ou le dimanche. Grands-parents et petits-enfants étaient ravis de se retrouver. Souvent, nous étions plus nombreux : Marco et Olivia venaient se joindre à nous. Parfois, Aude et Lou restaient dormir chez mes parents, nous étions libres de notre soirée, c'était un luxe que nous ne pouvions pas nous offrir à Paris.

J'étais immensément heureuse de m'être rapprochée de Marco. Il nous rejoignait parfois à l'internat où nous pouvions inviter nos proches. Nous organisions aussi des repas dans nos vastes studios quand nous voulions échapper à la vie communautaire de la salle de garde.

Quand est venu mon tour, j'ai fait le choix du service qui me paraissait le moins asilaire parmi ceux qui restaient à prendre. Chaque matin, internes et assistants, nous nous retrouvions autour du chef de service et du surveillant pour une réunion brève et informative avant de nous rendre dans nos pavillons. Étant la dernière arrivée, je fus affectée à un pavillon de chroniques. On y faisait aussi les entrées de patients difficiles. Les infirmiers se sentaient laissés à l'abandon. Ils avaient souvent des conflits avec le surveillant, un homme qui décidait de tout.

Une relation de confiance s'instaura rapidement entre nous. Je les écoutais parler de ces patients qu'ils connaissaient si bien. Nous prîmes le temps de nous arrêter sur l'histoire de chacun, d'aller au-delà des symptômes sans pour autant les négliger, je prescrivais pour apaiser ceux que leurs angoisses rendaient violents et pour tenter de ranimer l'espoir chez ceux qu'une mélancolie paralysait. Le chef de service délaissait ce pavillon, l'assistante y passait en coup de vent.

Les laboratoires pharmaceutiques invitaient régulièrement les médecins dans les meilleurs restaurants de la ville ou organisaient des pots dans les bureaux des services. Je détestais ces moments factices, mais le chef de service tenait à ce que nous soyons présents.

J'avais pris mes fonctions trois mois plus tôt. Ce jour-là, je quittai mon pavillon pour me rendre au bloc administratif où avait lieu l'un de ces pots. Je l'aperçus, devant une table de petits fours déjà bien dégarnie et un verre à la main. Après m'avoir saluée, il ajouta, réjoui :

« En tout cas, Madame Lemoine, votre psychanalyse a bien marché... »

« Pardon ? »

« Votre psychanalyse a bien marché... Je suis rassuré... J'avais tellement entendu de choses sur vous... ».

J'étais stupéfaite.

« Et qui vous a raconté des choses sur moi ? »

Il prit un air faussement embarrassé et me répondit :

« Je ne peux pas vous le dire... »

« Vraiment ? »

« Vraiment... »

« Ce n'est pas grave, je crois savoir... »

Bien sûr que je savais. Je menai une petite enquête et je découvris que ma mère connaissait la femme de ce médecin, une de ses nombreuses connaissances qui avait dû écouter le récit de mes exploits de mai 68, revisités par elle.

À mon arrivée dans le service, j'étais allée me présenter. J'avais évoqué mon parcours étudiant, mes diverses expériences professionnelles, l'importance de l'analyse dans ma pratique et dans ma vie. Ce n'était pas un homme antipathique et il m'accueillit avec amabilité, mais en conclusion, il formula ces mots étranges : « Vous étiez une interne-wagon », en référence aux longs trajets que j'avais dû faire pour aller travailler. Voilà ce qu'il avait retenu de notre entretien.

Enfin, il fut agréablement surpris et me laissa travailler comme je l'entendais. Les souvenirs de certains patients restent gravés en moi, celui d'une jeune femme qui avait noyé ses deux enfants par désespoir, celui de ce jeune homme de dix-sept ans qui semait la terreur sur son chemin, il se tuerait quelques années plus tard en moto, de ces deux-là, je n'ai pas oublié le nom.

À l'internat, les plus anciens parlaient souvent de la psychanalyse avec prudence, avec méfiance, parfois avec enthousiasme. Il y avait ceux qui la regardaient de très haut ou de très loin, ceux qui faisaient allusion à une expérience passée et ceux qui étaient sur le divan. Je me fis progressivement une idée des cercles analytiques de la ville, de ses ressources en la matière. Les noms de certains analystes revenaient souvent dans les conversations. J'avais dit au revoir à la mienne. J'étais contente d'avoir enfin pu arrêter ces rencontres.

J'allais vivre ces années d'internat comme le temps d'une pause.

Nous étions huit à avoir été admis au dernier concours et nous nous retrouvions ensemble à préparer le CES de Psychiatrie. Les relations étaient cordiales entre nous. Nous recevions un enseignement théorique et nous participions à des groupes de travail afin d'approfondir, d'assimiler un certain savoir, neurologique, linguistique, psychiatrique que nous possédions déjà plus ou moins. J'allais au séminaire de Tirésias, le professeur de pédopsychiatrie de l'UER de psychiatrie de Rennes. Je retrouvais là un lieu où questionner, défricher, penser la psychanalyse.

Tirésias n'était pas dogmatique, sa pensée était ouverte, acérée, profonde, une pensée intranquille de chercheur. Il avait choisi pour thème de son séminaire « le transfert dans la cure analytique ».

Les gardes revenaient souvent. Nous devions ici aussi traiter les urgences médicales, mais c'était moins éprouvant qu'à l'hôpital de Clermont ; l'absentéisme des internes n'étant pas toléré, les patients étaient mieux suivis, nous nous connaissions tous, nous n'étions pas confrontés à l'anonymat. Et de nuit, je ne m'égarais jamais dans l'enceinte de l'hôpital. Nous pouvions aussi prendre des gardes au Placis Vert où se trouvait une annexe de l'hôpital qui accueillait des arriérés profonds souvent polyhandicapés. Ces gardes étaient rémunérées. Il se faisait un véritable travail institutionnel dans ces services, aussi étions-nous peu appelés, parfois pour des chutes, des fausses routes, des décès. L'établissement se trouvait à une dizaine de kilomètres de Rennes. L'interne de garde disposait d'un petit pavillon. Nous y venions parfois le week-end. Marius emmenait les enfants faire un tour dans la forêt, toute proche. Un jour que nous croisions un patient, notre petit bonhomme de deux ans s'écria : « Il est bien courageux ! » L'homme avait ramassé un ver de terre qu'il s'était mis à mastiquer…

Nous avons vécu un peu plus d'un an à l'internat. Nous y avons croisé beaucoup de monde. L'ambiance était agréable, cordiale. C'était un lieu de vie plus que de passage, et qui avait comme partout ses personnages pittoresques. Je m'entendais bien avec la plupart de mes collègues. Par l'intermédiaire des enfants, nous nous fîmes quelques amis, mais ces liens n'ont pas résisté au temps.

Ce fut un printemps ensoleillé. Faire des châteaux de sable et courir sur la plage était devenu un luxe à la portée de nos mains.

Nous avions des locataires dans notre appartement parisien. Marius, fonctionnaire de la Ville de Paris s'était mis en disponibilité et venait de trouver derrière la gare un atelier. Pendant leur vie de parias, Marco et Olivia avaient reçu le soutien de Magda Lafon, la mère d'Elisabeth, une amie d'Olivia, étudiante en droit avec elle. Cette femme, d'origine juive hongroise, avait réussi à s'enfuir d'Auschwitz vers la fin de la guerre. Elle était capable de soulever des montagnes. Elle s'intéressait au travail de Marius, lui trouvait du talent. Elle mit à sa disposition un local de la ville pour qu'il puisse exposer ses œuvres pendant quelques jours. Des connaissances et des amis passèrent, mais l'exposition est restée un événement isolé.

Je choisis mon nouveau poste dans le service du professeur de Psychiatrie de l'UER de Rennes. Ses collaborateurs, assistants, psychologues, stagiaires étaient ouverts à l'analyse. Plusieurs analystes, vacataires, rencontraient des patients. Un chercheur du CNRS venait passer du temps dans un pavillon d'autistes. Je me retrouvai cette fois encore dans un pavillon de patients difficiles. Des hommes, violents, alcooliques, au parcours chaotique, réclamaient leur sortie, refusaient de prendre leur traitement, harcelaient, menaçaient parfois, se retrouvaient en pyjama après une tentative de fugue. Le niveau sonore était souvent élevé et la tension palpable. D'autres sur un versant plus psychotique que psychopathique vivaient bruyamment leur délire ou bien restaient figés sur une chaise ou sur leur lit. L'équipe était constituée de jeunes infirmiers, très désireux de donner un sens à leur travail. Je ressentais l'empreinte d'une élaboration commencée avec d'autres, l'existence d'un idéal soignant entretenu lors de réunions. J'intervenais aussi à l'hôpital de jour où une infirmière et une psychologue accueillaient des patients stabilisés, rentrant chez eux le soir. Certains allaient en ergothérapie. Tous recevaient un traitement parfois lourd. À l'hôpital de jour, ils savaient qu'ils pouvaient trouver une écoute bienveillante, que le projet de celui ou celle qui les écoutait était de les faire passer du continent obscur qui les maintenait prisonniers à la lumière de leur existence. Ce furent des lieux et des temps riches d'échanges et de rencontres.

Au bout d'un moment, je me suis lassée de vivre à l'hôpital. Le temps de la pause était terminé. Je voulais échanger les deux grands studios et la salle à manger de l'internat contre un lieu de vie plus intime. Marius le souhaitait sans doute aussi, mais c'était toujours moi qui formulais les envies partagées. Il passait ses journées à son atelier, venait déjeuner le midi à l'internat. Le soir, il était très présent auprès des enfants. Mon salaire d'interne, le fait d'être nourris et logés, mes gardes à Fouillard nous permettaient de vivre correctement. Nous touchions aussi les revenus de la location de notre appartement parisien que nous avions fini de rembourser. Nous pouvions nous permettre de quitter l'internat.

Nous avons trouvé un appartement dans le sud de la ville. Situé au troisième étage d'un petit immeuble, il était très clair et agréable. Il donnait sur un square arboré et tranquille, un peu à l'écart d'une grande avenue. L'entrée donnait sur une vaste double pièce, il y avait trois chambres, une grande cuisine et un balcon. Les enfants firent le choix de dormir dans la même chambre et d'avoir une salle de jeux. Il était à vingt minutes de voiture de l'hôpital et de l'école. Notre vieille 4 L se dégradait de plus en plus, mais nous n'avions pas les moyens de la remplacer.

Je finis par ne plus supporter l'immobilisme de Marius, j'avais envie de divorcer. Aude nous entendait nous disputer, pleurait, s'effondrait, s'accrochait à nous. Mon père fit entrer son gendre au standard du Centre Hospitalier Régional. L'intérêt de ce poste était ses horaires décalés. Cela lui laisserait du temps pour aller à son atelier. Et ses parents nous firent don de leur Simca Chrysler, un véhicule encore en très bon état que nous avons gardé des années.

Vincent et Hélène décidèrent de se marier. Ils avaient quitté l'appartement de Quimper où ils se sentaient trop à l'étroit, pour une masure, sans aucun confort, au sol en terre battue, au milieu d'un grand verger, en pleine campagne, près de Saint-Yvi. Hélène rêvait d'un retour à la nature. Cela ne semblait pas déplaire à mon frère que l'idée de devenir paysan avait effleuré pendant ses études. Ils étaient heureux. La célébration de leurs noces s'est déroulée en deux temps et deux endroits.

Les premières festivités ont eu lieu à Saint-Yvi un week-end ensoleillé et chaud du mois de juin. Les copains arrivèrent avec leurs tentes, leurs salades, leurs gâteaux, leurs bouteilles, leurs voix, leurs instruments de musique pour les musiciens, et surtout leur envie de faire la fête. Tous les amis étaient là ainsi que Marco et Olivia. J'étais venue seule avec les enfants, car Marius travaillait. Des petites tentes apparurent dans le verger. Les enfants étaient à l'aise dans cette assemblée sonore, dansante et joyeuse. Des chants de marins montèrent vers les étoiles. Le vin coulait à flots. Biniou et bombarde résonnèrent et lancèrent des gavottes. La vie était devenue pour quelques heures un sublime fest-noz.

Nous nous sommes rendus à Thuir, dans les Pyrénées-Orientales, où vivait la famille d'Hélène, fin août, pour le mariage officiel. Les copains bretons avaient fait la route et plantèrent de nouveau leurs tentes dans une vaste prairie parsemée d'orangers. La cérémonie religieuse eut lieu à l'église d'Elne et se termina sur le parvis par des sardanes qui se transformèrent assez vite en danses bretonnes.

Des tables avaient été dressées tout près de la maison, et des toiles tendues au-dessus de nos têtes. Cette précaution nous permit de traverser un orage soudain sans être mouillés. Les parents d'Hélène mariaient leur fille. Tout était parfaitement ordonnancé pour ceux qui étaient venus de loin et qui restaient deux ou trois jours.

La veille de notre retour, nous étions réunis autour d'une table et nous chantions les chansons que nous avions l'habitude de chanter entre nous, mes frères et moi. Nous chantions Se canto et Les Montagnards, et d'autres chants tout à fait convenables, des jeunes de la noce s'étaient joints à nous. Nous chantions la fin des jours de fête qui nous avaient réunis autour d'Hélène et de Vincent, nous chantions la douceur de cette fin de l'été catalan, nous chantions le plaisir d'être ensemble. Quand nous nous sommes levés pour partir, mon père qui se trouvait à une table voisine avec ma mère et d'autres personnes, s'est avancé vers moi d'un air menaçant et m'a dit des paroles très blessantes : j'avais eu un comportement inadmissible et honteux. Il n'a pas dit obscène, mais c'est ce qu'il pensait. Ceux qui l'entendirent étaient interloqués. J'étais interdite, sans voix avant qu'une violente colère, une immense rancœur s'emparent de moi. « Qu'est-ce que j'ai fait ? » ai-je crié et je me suis éloignée en pleurant. J'étais interdite, sidérée. J'étais interdite d'existence, d'insouciance. Toute légèreté émanant de moi était douteuse, impudique. On me rappelait que j'avais le diable au corps.

Marco et Olivia ont décidé de se marier à leur tour, trois mois plus tard. Ils vivaient ensemble depuis six ans. Ils avaient traversé et surmonté bien des difficultés dans leur vie à deux, après une enfance sans légèreté, où l'insouciance, pour l'un comme pour l'autre, avait fait totalement défaut.

Une célébration religieuse eut lieu à Saint Augustin et fut suivie d'un vin d'honneur dans une salle sous l'église. Nous nous retrouvâmes ensuite dans un restaurant un peu en dehors de la ville. Nous étions une quarantaine de convives à fêter l'événement. Notre vieille cousine Marguerite, la marraine de Marco, était venue de son Béarn. Les Lafon, les amis fidèles du couple, étaient présents ainsi que quelques collègues du labo de chimie.

Mes parents avaient marié leurs trois enfants, religieusement. Tout était rentré dans l'ordre, enfin presque, puisque leurs petits-enfants n'étaient pas baptisés. Mais ce fait n'était pas connu de tous et l'honneur était sauf. Grâce à mon père, Marius avait trouvé un travail compatible avec son temps d'atelier et je ne parlais plus de divorcer. Nous les voyions chaque semaine. Parfois, les enfants restaient dormir, le lendemain, c'était souvent un dimanche, ils accompagnaient leurs grands-parents à la messe et découvraient ainsi l'existence d'un monde que nous ne leur avions pas fait connaître.

Les relations semblaient fluides, harmonieuses. Les repas étaient animés surtout quand nous retrouvions Marco et Olivia, ma mère préparait les plats que nous aimions. Mais je surprenais le regard de mon père posé sur moi, un regard lourd, accablé de douleur. Il avait échoué dans sa mission de faire de nous des enfants de Dieu. En tant qu'aînée, en tant que fille, il m'en rendait responsable. *Je restais celle par qui le scandale était arrivé*. Et je ne donnais pas de preuve de repentir. Contraint par son angoisse, il lui arrivait de lancer une question sur notre vie spirituelle, il se heurtait douloureusement aux ripostes belliqueuses de Marius tandis que ma mère mettait son masque de mater dolorosa.

Un assistant du service intervenait dans une institution quelques heures par semaine. Il accompagnait les éducateurs dans une élaboration de leur travail auprès des jeunes. Nous étions sur la même longueur d'onde et lorsqu'il décida de laisser son poste, il me le proposa.

En milieu ou en fin d'internat, c'était monnaie courante d'avoir une activité complémentaire. Peu de temps après, je fus convoquée au Conseil de l'Ordre des Médecins. Le président m'informa que n'ayant pas passé ma thèse, je travaillais dans l'illégalité. Il avait reçu une plainte d'un confrère qui convoitait ce poste et il m'enjoignit de le laisser. J'étais surprise. Certains de mes collègues dont la thèse n'était pas achevée occupaient des postes importants dans des institutions. Il ne pouvait pas y avoir deux poids deux mesures. L'affaire fut mise en suspens, car j'eus des soutiens. Je continuai mon activité, mais je lançai immédiatement ma thèse qui serait aussi mon mémoire.

Une idée a pris forme rapidement : je déposai mon sujet intitulé : Contribution à l'étude de l'hôpital psychiatrique comme *espace thérapeutique*. Je demandai à François Sanchez de faire partie du jury. Je me donnai quelques mois pour mener à son terme un chantier que je n'avais pas prévu de lancer si vite.

Tirésias s'apprêtait à prendre son poste de chef de service. Je serais sa première interne. Je l'accompagnais à l'hôpital sud où il recevait, seul jusqu'alors, de jeunes patients et leurs familles dans les bureaux d'un petit bâtiment, situé dans l'enceinte de l'hôpital.

Il recruta secrétaire, psychologue, orthophoniste, psychomotricienne, assistante-pédopsychiatre qui allaient constituer l'équipe de la consultation de son service. Je m'intégrai aussi à l'équipe d'hospitalisation de pédiatrie. La pensée analytique avait droit de cité, inspirait les prises en charge. Je rencontrais un certain nombre d'enfants et d'adolescents, hospitalisés à la suite de tentatives de suicide, de fugues, ou pour anorexie ou troubles du comportement.

Des réunions hebdomadaires avec les soignants avaient été instituées. L'atmosphère était beaucoup plus tendue dans l'aile voisine d'hématologie avec le spectre omniprésent de la mort des enfants. Cette dernière année de mon internat fut extrêmement riche de rencontres, d'échanges amicaux et professionnels. Je me sentais engagée dans ce travail avec enfants et parents.

Enfin, je me rendais au Bois Perrin, au CHS, où dans des locaux vétustes, peu hospitaliers, cinq ou six enfants avaient été accueillis. Cela ressemblait à une fratrie ; peu nombreux, ils étaient d'âge différent, tous gravement psychotiques. L'équipe était composée d'une surveillante, en fin de carrière, et d'une infirmière qui n'en était pas loin. Elles avaient été façonnées par l'ordre asilaire des décennies précédentes et redoutaient d'être bousculées par les nouveaux arrivants. D'autres soignants, plus jeunes, attendaient beaucoup de notre venue. Les temps de parole, les réunions, étaient des moments essentiels, car tout était à faire et à penser concernant l'organisation d'une vie qui ait du sens pour ces enfants désaccordés. J'avais beaucoup de plaisir à travailler avec mes collègues, à rencontrer les jeunes patients et leurs familles. Ma thèse avançait, je collectais mes lectures, je rédigeais des cas cliniques, j'étais dans une grande effervescence intellectuelle.

Aude et Lou s'étaient fait des amis. Marius avait un revenu et il était proche de ses enfants. Je trouvais dans ma vie professionnelle et amicale, reconnaissance et gratification. L'obtention de ma thèse marquerait l'achèvement de mes études médicales. J'aurais bientôt des décisions à prendre. J'allais avoir trente-sept ans et j'hésitais. Mon intérêt pour l'institution psychiatrique s'enracinait profondément. Il m'avait été dévoilé brutalement, au début des années 70, quand je m'étais retrouvée immergée dans la misère humaine de cet immense espace, ce no man's land, cette cour des miracles qui s'appelait Mignard et qui n'était qu'un endroit de peine parmi tant d'autres. J'y avais rencontré François Sanchez, qui arrivait en même temps que moi et qui était effaré par l'immensité du travail à accomplir pour que ces hommes et ces femmes, ces silhouettes souvent fantomatiques, puissent retrouver un peu d'humanité, la trouver pour ceux qui ne l'avaient jamais connue. Certains resteraient définitivement enfermés dans leur prison interne, on devait alors améliorer, restaurer leur lieu de vie.

J'avais rencontré François Sanchez et je l'avais suivi, il m'avait laissée le suivre, il m'avait permis de le suivre, il était très heureux que je lui demande de faire partie de mon jury. Ma thèse était l'aboutissement de notre rencontre. J'y évoquais longuement les histoires de deux patients. Celle d'une jeune femme que j'avais suivie quand j'étais psychologue. Elle s'était échouée à Lasègue, un pavillon de femmes, voisin des pavillons Mignard, bien des années auparavant. J'évoquais longuement l'institution de l'époque, les soignants, le chef de service que je ne nommais pas. Je racontais des anecdotes le concernant…

J'avais rencontré l'autre patient, un homme jeune, violent et alcoolique au CHS de Rennes, dix ans plus tard, je l'avais pris en charge pendant ses hospitalisations répétées et je continuais à le rencontrer en consultation.

Mon intérêt pour l'institution psychiatrique avait perduré et avait soutenu mon cheminement pendant toute la durée de mon internat. Dans les différents services, j'avais trouvé des lieux et des moments pour penser, élaborer entre soignants certaines situations difficiles. Je me demandais ce que deviendrait l'hôpital au fil du temps. Rien n'était jamais acquis, travailler en institution impliquait toujours de livrer des combats.

Je réalisai que depuis quatorze ans, j'écoutais des patients, avec des interruptions et dans des cadres différents, pendant mes stages d'externe, j'écoutais le malade à son lit, tout en examinant son corps. J'avais un intérêt particulier pour les borderline et les psychotiques, pour les personnes traversant ou ayant traversé des situations extrêmes. J'en avais accompagné un certain nombre quand j'étais psychologue. J'étais réceptive à leur demande d'aide. Et j'éprouvais un réel plaisir à recevoir des enfants.

Je me suis donné quelques mois de réflexion, le temps de finir l'internat et je prendrais une décision.

La petite salle des thèses était remplie d'amis et de collègues. C'était une magnifique journée du commencement de l'été. Les enfants avaient passé l'après-midi à la mer avec des amis. Ils débarquèrent, encore tout chauds de soleil, du sable plein les cheveux. Mes parents m'avaient aidée à organiser le pot prévu ensuite dans le hall attenant à la salle des thèses.

Je souhaitais que cet événement solennel se poursuive avec une fête. J'avais pu réserver pour le soir la grande salle située sous l'église Saint Augustin. Une trentaine de personnes était conviée, dont quelques amis de mes parents, à la demande de ces derniers.

J'ai mis une petite robe d'été qui évoquait plus la plage que l'austérité et l'aspect solennel du lieu. Je n'étais pas très inquiète : j'avais réuni des personnes que je savais intéressées par mon sujet. Je souhaitais que cette soutenance soit un moment agréable et riche pour tous. Je n'avais rien préparé. Je me suis étonnée moi-même de m'entendre relater le bref remplacement de médecine que j'avais effectué dans le Val-d'Oise à la fin de mes études. C'est avec le récit de cette expérience que j'ai introduit la discussion sur l'espace thérapeutique en institution psychiatrique ! C'est ainsi que je suis devenue médecin et psychiatre.

Le pot fut le moment convivial qui clôtura la soutenance de ma thèse et un lieu d'échanges entre mes parents et les membres du jury que mon père avait rencontrés à la fin de sa carrière hospitalière.

Il faisait grand jour quand on s'est retrouvés sous l'église. Ma mère installa à ses côtés une amie à elle, la femme d'un professeur membre de mon jury, non loin de là, mon père menait une conversation animée avec Tirésias et François Sanchez dont les épouses papotaient. Nous avions installé les plats du traiteur sur une grande table où chacun allait se servir selon son envie.

Tard dans la soirée, mes parents prirent congé et ramenèrent les enfants avec eux. La fête battait son plein avec la musique, la fantaisie naturelle de chacun et il faut le dire, avec le génie du vin qui réveillait les capacités imaginatives et ludiques des convives. Les idées fusaient. Je me retrouvai à une petite table où je consultais comme cartomancienne tandis que Marco, vêtu d'une blouse blanche, se déplaçait parmi nous avec des allures d'un savant fou, remplissant les verres de ceux qui le souhaitaient. Voyant le sous-sol de l'église éclairé, quelques noctambules s'invitèrent en fin de soirée. Il était trois heures passées lorsque nous avons raccompagné les Sanchez à leur hôtel. Ma conduite était hésitante, approximative, heureusement, les rues étaient vides…

Il me restait six mois d'internat. M'étant inscrite au concours de praticien hospitalier, je tenais à me présenter aux épreuves. Il y avait une certaine nostalgie à l'origine de ce projet, cette nostalgie même qui avait nourri mon sujet de thèse. Ce désir que j'avais eu d'humaniser un lieu inhumain. Mais j'avais aussi l'envie de m'installer. Tout l'été, je me suis intéressée aux sujets du concours, mais sans beaucoup d'assiduité. Sans surprise, je fus recalée.

Je me suis installée comme psychiatre, psychothérapeute de formation analytique. Comme psychiatre pour l'Ordre des Médecins qui ne reconnaissait pas la qualité de psychothérapeute, mais dans l'annuaire j'existais bien sous les deux rubriques : médecin psychiatre et psychothérapeute. Je fis le choix de faire mon cabinet sur notre lieu d'habitation.

Nous avons loué une maison, en face du parc de Maurepas, dans le quartier Jeanne d'Arc, non loin de l'école des enfants. Je gardai mon temps partiel dans l'institution. J'obtins trois vacations hebdomadaires dans le service de Tirésias où je venais d'achever mon internat : je pourrais ainsi continuer à suivre mes petits patients et travailler avec ceux qui étaient devenus des amis.

C'est dans ce contexte que j'ai ouvert mon cabinet.

Adolescente, j'avais éprouvé la fascination des mots, un cadeau des poètes, un baume qui venait panser les meurtrissures causées par la malédiction de mes parents. Mais le mal était profond. Mon désespoir suintait de l'intérieur. Et puis, j'entendis un énoncé qui m'était adressé, une pensée qui concernait l'existence, mon existence. J'entendis : « *rien n'est irrémédiable* ». Ces mots arrivèrent au plus profond de moi-même. Le remède était un traitement long, coûteux, douloureux parfois. Il s'appelait *Psychanalyse*.

Je m'égarais dans mes labyrinthes et dans mes forêts profondes, je traçais ma route à coups de machette, ma première guide me conduisit dans une impasse, la seconde me fit parfois prendre d'étranges chemins, mais contre vents et marées, envers et contre tout, j'ai fini par voir le jour, j'ai fini par voir un peu de jour, je ne tournais plus en rond, j'allais quelque part, je ne savais pas où, mais j'allais quelque part. J'étais sur la route de l'Aube. Je me dégageai – très lentement –, de l'Enfer.

Je vivais avec l'analyse comme expérience personnelle, et je la rencontrais sans arrêt autour de moi. À l'Université, durant mes études de psychologie, puis dans les institutions psychiatriques où je travaillais. Dans les années 70, en région parisienne, elle avait droit de cité, elle était devenue accessible à beaucoup, elle était presque le passage obligé chez les professionnels de la santé mentale. Dans les internats de l'époque, la parole était politique et analytique. L'ambiance était différente à l'internat de Rennes. Faire une analyse à Paris relevait d'une expédition. Certains s'y lançaient, mais il existait aussi sur place des analystes des différentes écoles, entreprendre une analyse sans avoir à prendre le train était possible.

À l'internat, nous nous retrouvions par affinités. J'étais heureuse d'avoir pu me poser en arrivant de Paris. J'avais besoin de calme. Durant ces trois années qui étaient aussi celles de mon CES de Psychiatrie, en dehors de l'enseignement classique, j'avais participé à des groupes de travail, à des congrès et j'avais rencontré ceux avec lesquels je serais en lien pendant toute ma carrière, ceux avec lesquels je partagerais des idées et qui deviendraient mes amis.

Je commençai à rencontrer des femmes, des hommes soucieux d'entreprendre un voyage intérieur. Ne pouvant plus rester sur place, ils ne savaient pas toujours vers où se diriger. Cela pouvait les rendre violents, destructeurs. Des patients que j'avais suivis à l'hôpital vinrent poursuivre leur travail.

Marius, standardiste à l'hôpital, pouvait faire ses sculptures dans le garage de la maison. Il n'avait toujours pas de projets, mais j'étais prise par la réalisation des miens. Il m'arrivait de prendre une semaine de vacances et d'emmener les enfants quelque part en Bretagne. Et tous, nous allions à Paris voir nos amis qui venaient aussi nous rendre visite.

En 1986, nous fîmes notre premier grand voyage, en Norvège, en car, Marius et Aude ayant à l'époque une phobie insurmontable de l'avion. Chaque année, nous nous retrouvions en Provence. Mes beaux-parents nous laissaient la maison qu'ils occupaient l'été à Joucas, ils partaient alors à Viens. Une année, Marco et Olivia vinrent y planter leur tente.

Ces voyageurs étranges, ces errants qu'étaient souvent les patients, avaient vite rempli mes journées. Je menais une vie intense. Les relations avec mes parents semblaient apaisées. Il n'y avait plus de sujet de conflit même si je surprenais toujours le regard lourd de mon père posé sur moi.

En réalité, tout n'allait pas si bien. J'étais insomniaque et dans mes insomnies, j'étais envahie par un immense sentiment d'illégitimité. Je ne méritais pas d'avoir atteint mon but. Il devait y avoir un malentendu. Je me relevais pour écrire.

Ce genre de ruminations disparaissait avec l'arrivée du jour. Je retrouvais le clivage de mon enfance quand la damnée de la nuit se métamorphosait en fillette capable d'apprendre, de découvrir, de se révolter, mais aussi de créer et d'aimer. Comme une digue, ce clivage me préservait d'une submersion. Je me sentais portée par mes liens avec d'autres, par des lectures, des pensées, des expériences partagées. J'avais laissé derrière moi la précarité de toujours, je connaissais même une aisance financière, mes enfants étaient à l'abri du besoin.

J'avais confié Aude à une psychothérapeute : elle était souvent très douloureuse, elle vivait mal les séparations. Branchée sur moi, elle ressentait mes incertitudes et mes douleurs, elle ressentait les tensions qui existaient entre son père et moi, entre ma mère et moi. Elle m'entendait me plaindre amèrement de sa grand-mère, si chaleureuse et vivante, et elle ne comprenait pas. Je ne prenais pas la mesure de ce que je lui imposais.

Mes parents furent de nouveau grands-parents avec l'arrivée de Rozenn et ensuite de Katell chez Vincent et Hélène qui avaient laissé leur vieille masure pour un pavillon plus confortable. Marco passa sa thèse et alla faire son service militaire à Brest où il retrouva Olivia. Peu de temps après, ils partirent vivre à Strasbourg. Mon frère avait obtenu un poste au CNRS et ma belle-sœur à la Communauté Urbaine comme attachée territoriale.

Nous traversions la France pour aller les voir, quelques jours, pour fêter l'année nouvelle ou pour une autre occasion. Puis Yann et Maïwenn, leurs enfants, sont arrivés, nouveaux petits-enfants, neveux et cousins. Nous nous retrouvions aussi en Bretagne, dans les Pyrénées et bien sûr à Saint-Jean.

La troisième année de mon installation, nous avons décidé d'acheter une maison située dans le même quartier. Le rez-de-chaussée serait mon cabinet. Dans le garage, prévu pour deux véhicules, l'espace ouvrant sur le jardin serait l'atelier de Marius. C'était une maison de deux étages avec un vaste grenier. Les enfants auraient enfin chacun leur chambre. La cuisine, très claire, avec balcon, donnait sur un magnifique jardin. Nous pourrions faire un remboursement anticipé si nous décidions de vendre notre appartement parisien quand le bail de nos locataires arriverait à échéance. Quelques transformations étaient nécessaires avant de pouvoir nous y installer, la buanderie devant être convertie en bureau. Nous pensions emménager à la fin des travaux, après les vacances d'été.

J'avais décidé de rassembler tous mes amis, de les convier à une fête, dans la maison encore vide, le dernier samedi du mois de juin, pour célébrer l'arrivée de l'été, l'acquisition de notre maison et mon quarantième anniversaire. Je choisis un thème, « La Fête du Diable », et les invités devaient se présenter déguisés. Mais tous ne savaient pas à quel endroit ils se rendaient. Nous n'avions pas encore pris possession des lieux ni fait la connaissance de nos voisins, nous les avions juste informés que ce soir-là, nous ferions une fête avec sans doute un peu de bruit. Et ils virent se garer devant chez eux de bien étranges personnages : un vampire, une diablesse, deux extra-terrestres, un moine, une femme légère… mais aussi des dames, à la tenue élégante et soignée, qui s'étaient parées dans l'idée d'une tout autre fête. Marius, un masque de squelette sur le visage et vêtu d'une grande robe noire incarnait la Mort, j'avais un costume de diable, c'est ainsi que nous accueillions nos invités, une trentaine de personnes. J'avais pu lancer ce thème, car nous passions une partie de notre temps à discuter de l'âme humaine, nous parlions plutôt de monde interne, dans nos rencontres et nos groupes de travail. L'analogie avec l'Enfer s'arrêtait au seuil du jardin auquel on accédait par ce qui était encore une buanderie. Le Ciel nous offrit une magnifique nuit d'été. Nous avions préparé le buffet nous-mêmes : salades, brochettes – les brochettes du Diable –, cocktail – le cocktail du Diable –, ce n'étaient pas des recettes de sorcière, il y avait juste l'envie que ce soit « diaboliquement bon ».

On allait et venait, on discutait, on s'asseyait entre les rosiers qui éclairaient encore la pelouse dans une tombée du jour qui prenait tout son temps, et enfin, les musiques des années soixante se firent entendre, assourdissant un peu les conversations des uns, entraînant les autres à danser. Certains d'entre nous avaient sans doute la nostalgie de leur prime jeunesse. Ce fut notre première nuit passée dans notre nouvelle demeure, sous les auspices de l'amitié.

Notre nouvelle demeure ! c'était une autre affaire que notre appartement parisien. L'acquisition de cette maison voulait dire s'enraciner quelque part, signifiait que je renonce définitivement à mon statut de damnée, cet état que j'avais tenté d'exorciser lors de la célébration de cette fête dont moi seule connaissais l'inspiration obscure.

Quelques années plus tard, nous avons vendu notre appartement parisien et remboursé une grande partie de l'emprunt pour la maison. Cette vente nous permit aussi d'acheter une voiture, notre première voiture neuve, une Toyota, un monospace à huit places, qui permettrait de trimballer les copains des enfants. Notre première voiture neuve ! c'était un événement. Notre quatrième véhicule, après la 2 chevaux fourgonnette, la 4 L et enfin la Simca Chrysler que nous avaient donnée les parents de Marius.

Nous avons continué à voyager. En Irlande, par bateau. En Pologne, en voiture, à un congrès, puis en train avec les enfants. En train également, en Galice, à Venise, Aude et son père refusant toujours de prendre l'avion.

Marius finit par hériter de sa maison. Ne me sentant plus à l'aise dans celle de mes beaux-parents, j'avais envie d'investir ce nouvel endroit pour des vacances. L'extérieur avait une certaine allure, j'en avais visité l'intérieur quinze ans plus tôt, un intérieur que j'avais trouvé sinistre et misérable. Il me dit qu'il avait fait faire quelques aménagements et cela me suffit. J'emmenai une radiocassette, une boîte de cassettes, des livres, des torchons, des draps, j'allais m'installer, nous installer dans notre résidence secondaire. Nous arrivions, avec quatre enfants, la voiture remplie de toutes sortes de choses comme pour un emménagement…

Et ce fut le choc, face à l'état de délabrement interne de la maison qui nécessitait non pas un grand nettoyage, mais des travaux. Ce qui devait être notre chambre ressemblait à une grotte, des stalactites de plâtre pendaient du plafond, tout était sombre et sale, les autres pièces étaient dans le même état. L'escalier qui montait à l'étage était défoncé par endroits, le carrelage des marches partait en morceaux. Il y avait dans la cuisine une gazinière et un frigo tout neufs, et la salle de bain que Marius venait de faire faire était rustique et fonctionnelle ; entre les deux se trouvaient des toilettes neuves derrière une vieille porte un peu déglinguée. Certes, on pouvait dormir, se laver, faire la cuisine et manger dans cette maison...

J'y passai la nuit et dès le lendemain matin, je louai une jolie chambre bien propre à l'hôtel du village. J'avais besoin de me reposer de l'intensité de ma vie professionnelle, j'avais besoin de détente, j'avais besoin de beauté. Je m'invitais aux repas pour profiter des enfants et au bout d'une semaine, je repartis à Rennes avec l'idée de revenir passer des vacances à Joucas le jour où des travaux auraient été faits.

Ces années-là, je n'allais donc plus en Provence, je rendais visite à ma vieille cousine Marguerite, et nous nous retrouvions ensuite tous ensemble dans les Pyrénées où nous rejoignaient parfois Marco, Olivia, Yann et Maïwenn.

Puis l'envie de voyager ayant vaincu la phobie d'Aude et de Marius, nous avons enfin pu prendre l'avion.

Marius reçut une certaine somme d'argent avec laquelle il acheta, à Rennes, un appartement. J'étais heureuse qu'il puisse compléter son petit salaire avec l'argent que lui rapporterait cette location. Mais ses parents exigeaient que, le jour de l'acte chez le notaire, je sois présente pour signer un document où je m'engageais à renoncer à ce bien. Au bout de tant d'années, on me voyait comme quelqu'un d'avide et d'intéressé. Je lançai une procédure de divorce. Marius irait vivre dans son appartement, je garderais la maison. Les complications sont venues de notre régime matrimonial que nous n'avions pas fait modifier lors de mon installation. Tout ce qui touchait à mon cabinet, tout le fruit de mon travail, tout ce que j'avais continué à épargner allait dans le pot commun, devait être partagé. Marius disait qu'il voulait juste récupérer la part qu'il avait investie dans le remboursement de la maison quand nous avions vendu notre appartement parisien et je ne mettais pas sa bonne foi en doute. En réalité, les choses n'étaient pas si simples. Et pour les enfants, *j'étais celle par qui le malheur arrivait.* Curieusement, mes parents ne me condamnèrent pas. Je ne quittais pas mon mari pour partir avec un autre homme. Mis au courant des précautions qu'on prenait à mon égard dans cette affaire d'appartement, ils se sentaient blessés.

J'ai réalisé que ce divorce allait me coûter très cher, psychiquement et matériellement. Moi qui rêvais de grands voyages, pourrais-je me les offrir ?

J'ai proposé à Marius qu'on reste ensemble à certaines conditions. La première était que je n'aie plus jamais affaire à ses parents. La seconde, que je parte seule faire les lointains voyages dont je rêvais depuis longtemps. Ma proposition fut acceptée. Je n'ai donc jamais revu mes beaux-parents.

Je suis partie en Équateur avec l'idée d'aller marcher sur les hauts plateaux des Andes. Mes trois compagnons faisaient partie du Club alpin alors que le voyage était prévu pour des débutants. Il m'est donc arrivé de rester dans un refuge pendant qu'ils s'essayaient à l'ascension d'un sommet ou bien de découvrir une petite ville en attendant leur retour. Je parrainais un village d'enfants à Quito. Je me rendis sur ces lieux, situés dans un quartier populaire de la ville, j'y fus très bien accueillie. L'année suivante, je décidai d'aller en Patagonie. Mes nouveaux compagnons avaient déjà fait l'ascension de nombreux sommets. Je pus tester mes capacités d'endurance et d'adaptation. L'Équateur et la Patagonie furent des voyages grandioses.

J'eus envie de voyager seule et de m'immerger dans certaines villes. J'atterris à Santiago du Chili, ensuite je m'envolai pour La Paz. Je vivais à mon rythme. Je pris parfois un guide pour visiter certains endroits. Je m'imprégnai d'atmosphères, d'accents, de lectures, de musiques. Je confrontai mon immersion à ce que j'avais lu et entendu auparavant. J'étais sur les traces de Pablo Neruda, de Victor Jara et de Violeta Parra.

J'ai fini par arrêter mes voyages en solitaire. Aude et moi, nous sommes allées retaper une école à Cuba. Et l'année d'après, tous nous sommes partis pour le Pérou, car Marius rêvait d'aller à Machu Picchu. Et nous avons continué à voyager.

Je n'arrivais pas à tourner les pages douloureuses de mon enfance. Penser à mes parents me plongeait dans une incommensurable désolation, une immense culpabilité. Je décidai de reprendre une analyse personnelle, dans le but d'avoir peut-être un jour des relations plus harmonieuses, apaisées avec eux.

Ils menaient une vie plutôt agréable, entre leurs amis, leurs enfants et petits-enfants, leurs activités. Cependant, leur proximité me précipitait toujours dans un profond malaise. Je m'en voulais, car ma mère se mettait en quatre pour bien nous recevoir. Mais l'ambiance n'était jamais légère et détendue. À la fin du repas, mon père retrouvait ses obsessions, ma façon d'être et de penser continuait à le torturer. Aucun de ses petits-enfants n'était baptisé, aucun n'était *un enfant de Dieu*. Il continuait à penser que j'avais détourné mes frères de l'Église. Ma mère ajoutait son grain de sel, elle était dans la plainte et les récriminations, mon père dans des discussions stériles. J'avais mal de le faire souffrir.

Depuis qu'il était à la retraite, il prenait le temps de s'informer et de se cultiver, mais s'il n'avait plus de responsabilités professionnelles, il pensait aux comptes qu'il aurait à rendre à Dieu au sujet du comportement de ses enfants. Je croisais toujours son regard rempli d'incompréhension et de détresse, je lisais cette interrogation muette et douloureuse dans ses yeux, même quand tout semblait bien aller. Il voulait savoir pourquoi je m'étais éloignée de Dieu et pensait que quelqu'un m'avait fait du mal. Ah ! s'il le tenait, celui-là ! Que pouvais-je répondre ? Je n'ai jamais pu lui dire qu'il avait été avec ma mère l'artisan de mon malheur. Je l'ai dit autrement : nous avions été élevés dans la culpabilité. J'ai dit ce genre de choses, mais il n'entendait pas, il voulait trouver d'autres causes.

Au mois de mai, ils partaient pour Saint-Jean où passaient amis et connaissances. Quand les petits-enfants se retrouvaient tous ensemble, ma mère organisait des soirées déguisées, des batailles de polochon et avant de les coucher, très tard, elle les emmenait faire le tour du jardin pour surprendre les crapauds. Ils gardent tous de magnifiques souvenirs de leurs vacances là-bas aux côtés d'une grand-mère drôle et vivante, enfantine souvent et d'un papy très attentif à eux tous. Comment ne pas aimer, adorer ces grands-parents-là, si gentils et si proches ?

Ma mère continuait à se plaindre des unes et des autres : on n'avait pas été gentilles, on lui avait répondu sèchement… Mais la guerrière qui sommeillait en elle s'est réveillée au moment du divorce de Marco puis de l'arrivée de Marie. Elle mit des années à baisser la garde, à la demande de mon père qui ne voulait pas rompre avec son fils.

Durant cette période où mes parents étaient encore très en forme, j'entendais de ma chambre le pas devenu traînant de ma mère dans le couloir et déjà je me disais : « Comment vais-je faire quand ils auront besoin d'aide ? » Je ne savais pas ce qui m'attendait !

J'étais tellement torturée par le regard de reproche et d'incompréhension de mon père que je n'ai pas vu combien son visage était rouge, je l'ai vu sans doute, on ne pouvait pas ne pas le voir, mais j'étais obnubilée par l'angoisse qui émanait de lui. On lui diagnostiqua une maladie de Vaquez, une hémopathie. Il fut hospitalisé en urgence et ressortit quelques jours plus tard avec un traitement visant à limiter la prolifération de ses globules rouges, un comprimé quotidien à prendre pour le restant de ses jours, traitement bien toléré et qui s'avéra efficace. Personne ne s'était attardé sur la congestion de son visage.

Je n'ai pas eu peur de le perdre. Il ne souffrait pas physiquement, c'était l'essentiel. Avais-je envie qu'il parte ? Certainement, si cela devait mettre fin aux tourments dont j'étais la cause. Mais ce n'était pas son heure.

Nous avions invité l'analyste à venir parler d'un livre qu'elle venait de publier. J'étais allée l'écouter plusieurs fois ensuite. J'étais séduite. J'ai pris rendez-vous avec elle pour relancer le chantier de mon enfance. Pendant quatre années, j'ai repris les fouilles. Je faisais parfois quelques trouvailles, mais cela n'amenait aucun soulagement. Je me sentais toujours aussi coupable, aussi mauvaise. La cinquième année, elle dut se lasser, car elle devint maltraitante, odieusement maltraitante. La vague d'incompréhension qui me submergea fut suivie d'un tsunami de colère et de douleur qui dévasta mon monde interne bien au-delà de l'arrêt des séances. Seule la reprise d'un travail avec un vieil analyste, humain et bienveillant me permit d'apaiser très progressivement la tempête transférentielle qui faisait rage, mais rien ne modifia la tonalité de la relation à mes parents et la représentation que j'avais de moi-même comme mauvaise fille.

Mon père avait rédigé un testament spirituel pour ses enfants et petits-enfants. La lecture de ce texte m'accabla. Il prônait une soumission totale à Dieu qu'il nommait le Crucifié. C'était la seule voie pour le Salut. Je n'avais pas donné l'exemple à mes frères qui s'étaient à leur tour détournés de ce chemin. Il avait écrit ce que je lisais dans son regard. Je ne lui ai jamais parlé de son texte : à quoi bon se faire mal ?

Et puis apparurent les premiers signes de la maladie de Parkinson avec son lot de raideurs et de tremblements. La version physique de sa rigidité morale et de sa terreur de Dieu. Pendant longtemps, il put mener une vie normale. Il accepta, sans trop de difficultés, d'arrêter de conduire. Et puis il devint plus lent et plus gauche et aussi sourd, très sourd, et cette surdité accentua, aggrava ses ruminations intérieures. Leur vie agréable de retraités était terminée.

Ma mère fit un cancer du sein. Je l'accompagnai chez le chirurgien. L'intervention était simple, la tumeur de petite taille, elle est restée une nuit à l'hôpital. Elle aurait aimé que nous prenions mon père à la maison. *J'en étais bien incapable !* N'importe quelle fille aurait fait cela pour ses parents. *Cela m'était impossible.* Un tel rapprochement avec mon père m'était impossible. *L'inscription « celle par qui le scandale arrive » était gravée en moi, définitivement.* Je ne pouvais pas approcher son corps. Il arrivait encore à se débrouiller tout seul.

Ma distance les a beaucoup blessés. Enfant, j'étais scandaleuse. Adulte, mariée, casée, je ne me montrais ni aimante ni attentionnée. Alors qu'ils avaient vraiment *tout* fait pour moi.

Et puis l'état de mon père, lentement, très lentement, mais inexorablement s'est dégradé au point qu'il ne leur fut plus possible de venir à Rennes en hiver. Il avait l'économie du mot et du geste, il ne pouvait plus faire grand-chose tout seul, il était de plus en plus sourd, son visage suait la tristesse et l'angoisse, une angoisse qu'il ne pouvait même plus traduire en mots comme lorsqu'il nous questionnait au sujet de notre Foi ou plutôt de son absence. Parfois il pleurait. Il avait l'angoisse de la mort et du jugement divin et aussi l'inquiétude d'abandonner sa femme à des enfants ingrats, à une fille ingrate. Elle devait le tirer dans ce sens, elle m'en voulait tellement de m'être acharnée toute ma vie à sortir de son emprise. Elle continuait à écrire le roman de nos vies. Lui pensait que le grand malheur était qu'il n'avait pas su empêcher que je tombe sous une autre emprise, destructrice, quand on m'avait lâchée à Paris. C'était une question d'emprise de toute façon ! On me voyait tellement influençable !

Les Noëls qui s'étaient toujours fêtés à Rennes nous virent tous redescendre à Saint-Jean. Ma mère ne ménageait pas sa peine pour son compagnon de route et de croisade, elle l'accompagnait du mieux possible comme elle avait accompagné son père. Des aides furent progressivement mises en place. Je savais qu'elle pensait que je n'en faisais pas assez et je me sentais malheureuse et coupable. Un soir comme nous arrivions, elle a décommandé la personne qui devait venir faire sa toilette. J'étais très fâchée, j'ai immédiatement rappelé l'intervenante. Les derniers temps de la vie de mon père furent pour moi très éprouvants. Sans doute plus que pour mes frères : chacun avait son histoire avec lui.

Un lit médicalisé avait été installé entre le grand lit et la fenêtre de leur chambre. Il tremblait tellement à la fin qu'il le faisait bouger ! La maladie de Parkinson n'expliquait pas tout, il était terrorisé par la perspective de sa rencontre avec Dieu. Il était entouré par un petit noyau d'amis très croyants, mais personne ne réussissait à l'apaiser. Ma mère se plaignait souvent : « Papa pense qu'il n'a pas fait ce qu'il devait faire dans sa vie », disait-elle. Un jour, je lui demandai, un peu perfidement :

— Peut-être a-t-il le regret de nous avoir élevés dans trop de culpabilité ?

— Non ! m'a-t-elle répondu.

Elle n'a pas formulé : « quelle idée ! », mais cela se lisait sur son visage.

Mon père est décédé en 2005, un dimanche matin de février. Il s'est écroulé dans les bras de Frances, la personne qui lui faisait sa toilette. Comme je fus soulagée ! Je ne verrais plus jamais ce regard de détresse et d'incompréhension posé sur moi ! j'étais délivrée de ce regard parfois halluciné. Je n'avais pas de chagrin. Je l'avais perdu depuis tellement longtemps. Pire, je ne l'avais jamais vraiment rencontré. C'est l'un des drames de ma vie et maintenant, j'ose le dire, l'écrire, le clamer :

Je n'y suis pour rien !

Nous lui avons rendu visite à la chambre funéraire, dès notre arrivée à Saint-Jean. Il a fallu que ma mère nous accompagne !

— Je viens avec vous !

— Non, ce n'est pas la peine !

— Si, si, je viens avec vous !

J'avais envie de hurler, de la frapper, mais je n'ai rien dit ! Elle voulait me scruter, m'observer, pénétrer en moi, me prendre ce dernier instant en compagnie de mon père. Elle voulait vérifier que j'étais bien une mauvaise fille.

Il avait reçu des soins funéraires, il semblait rajeuni, détendu, en fait ce n'était pas lui. Il me fallait bien dire quelque chose alors j'ai dit : « Il est beau et détendu ! » C'est bien la première fois que je pensais cela de mon père ! Le pensais-je vraiment ?

Mais je ne l'ai pas embrassé, je ne l'ai même pas touché. Nous sommes restés le temps nécessaire à ce genre de visite, sans rien dire d'autre. Ma mère ne me regardait pas en face, mais elle ne perdait rien et je ne donnai à voir aucune manifestation de chagrin, je restai impassible et distante. Elle n'arrêta pas de m'observer ces journées-là.

Quand Lou est arrivé, il s'est mis à pleurer, car il aimait son grand-père et de voir pleurer mon garçon m'a fait pleurer. Et ma mère a rapporté à Arlette : « elle a quand même pleuré quand Lou est arrivé ! ». J'avais versé quelques larmes sur le chagrin de mon fils qui n'était pas le mien. Tous les petits-enfants avaient du chagrin, sauf Youenn, âgé de deux ans et demi. Chacun d'eux avait son chagrin, Aude et Lou, les premiers petits-enfants, Yann et Maïwenn qui avaient trouvé écoute et soutien au moment du douloureux divorce de leurs parents. Rozenn et Katell aussi. Et sans doute la petite Airelle.

La vie de mon père fut retracée à l'église, celle d'un chrétien et d'un militant qui n'avait jamais été avare de son temps et de ses compétences pour aider toutes sortes d'institutions religieuses. Il était désormais auprès de Dieu, mais il restait parmi nous. Marco lut un texte religieux qu'on lui demanda de lire. Vincent, un texte profane qu'un ami lui avait indiqué. Les petits-enfants vinrent témoigner de leur amour pour leur grand-père. J'avais décliné l'invitation à prendre la parole. Qu'aurais-je pu dire ? Je me suis contentée de remercier l'assemblée d'être là, à rendre hommage à notre père, « au nom de notre mère et de la famille ». Je me suis bien gardée de dire « au nom de notre maman ».

Et ma mère a commencé son existence de veuve.

Nous sommes tous restés quelques jours à Saint-Jean pour effectuer les démarches nécessaires et l'installer dans son nouveau statut.

— Tu vas peut-être aller un peu à Rennes maintenant ? lui demandait-on parfois.

— J'attends qu'on m'y invite, répondait-elle.

J'avais fermé mon cabinet pour une semaine. Nous n'avions pas prévu de revenir à Rennes avec elle, mais d'aller la chercher début mai, de la ramener fin juin et de passer la voir entre-temps. Elle avait besoin de se reposer des tensions et des fatigues qu'avait entraînées la fin de vie de mon père. Je ne la sentais pas inconsolable. Elle était triste, mais soulagée. Elle était délivrée des angoisses de son mari. Elle s'était préparée à son départ et avait l'espoir de le retrouver dans l'au-delà.

Sa voisine l'emmenait faire ses courses. Elle se déplaçait encore un peu en ville et à l'église qui n'était pas loin. Dans l'immédiat, elle était certainement mieux chez elle à ranger ses affaires et à recevoir les visites des enfants et petits-enfants de ses vieilles amies d'autrefois.

Mais elle aurait aimé qu'on lui propose de venir tout de suite avec nous.

Elle aurait aimé que j'aie envie de passer du temps avec elle.

Elle aurait aimé que nous partagions une certaine intimité, l'intimité qu'elle avait toujours essayé d'obtenir, en vain, l'intimité qu'elle faisait croire que nous avions.

Elle pensait – je l'avais entendue le dire au sujet de quelqu'un d'autre – qu'une mère était *tout* pour une fille. Sans doute voulait-elle dire qu'une mère devait avoir la priorité.

Elle a toujours fait comme si nous étions très proches et très complices. C'est l'image qu'elle voulait donner de nous à ses amies. Pourtant parfois, elle leur racontait pis que pendre à mon sujet. Mais elle voulait qu'on voie combien je l'aimais, moi l'enfant terrible, c'est ainsi qu'elle me nommait.

Spectateur des conflits violents qui éclataient sans arrêt entre mes parents et moi, Vincent leur demanda un jour : « c'est donc qu'elle ne vous aime pas pour être comme elle est avec vous ? » ils lui répondirent : « bien sûr qu'elle nous aime, mais elle ne sait pas nous le dire ! ».

Je ne pouvais pas ne pas aimer mes parents. Un enfant aime ses parents. Sauf s'ils sont de mauvais parents. Eux au contraire étaient dans l'excellence. Ils donnaient d'eux une tellement belle image !

Quand ma mère s'est retrouvée seule, au décès de mon père, je n'ai pas pu tourner la page. J'aurais voulu pouvoir brûler le livre de mon existence avec eux. L'histoire se poursuivait avec elle.

La perspective de sa venue à Rennes début mai me taraudait. Pourtant, elle serait chez elle, mais nous devrions nous en occuper, la voir souvent. Et ce jour arriva.

Quand elle pénétra dans son appartement, elle se mit à pleurer, elle y revenait seule, sans Paul. C'était un chagrin authentique et combien naturel, mais je n'eus aucun mouvement vers elle, je comprenais son chagrin, mais je ne pouvais rien y faire. Mon père et ma mère avaient été mes bourreaux. Je cherche un autre mot, plus léger, je n'en trouve pas. Ils devaient me dresser, c'était leur terme, et pour y arriver, il fallait me faire peur, c'était leur méthode. J'ai parfois entendu mon père énoncer au sujet de quelqu'un dont il jugeait le comportement immoral ou coupable : « il faut lui faire peur, il n'y a que ça qui marche ! ». Il fallait faire *très* peur avec la menace de l'Enfer. La peur, mon père la connaissait !

Comment avait-il pu échafauder une telle relation à son Dieu, impressionnante de soumission, de crainte et de masochisme, sur l'idée obsédante que lui, le pécheur, pouvait ne pas être élu ?

Rien de ce qu'il a laissé n'a pu m'éclairer. Ses écrits relatent une famille pauvre, l'arrivée des enfants dans le contexte de la Première Guerre mondiale, un grand-père anticlérical qu'il aimait bien. Au moment de l'adolescence, son entrée au séminaire dans le cadre duquel il va pouvoir enfin étudier, de nouveau la guerre et la captivité en Autriche. L'abandon du séminaire à son retour et la déception de ceux qui l'avaient soutenu. La rencontre avec ma mère et leur mariage et ensuite le déroulement de sa carrière jusqu'à sa retraite. Le récit de son enfance est celui d'une existence banale de pauvres gens, la banalité de la misère du monde paysan. Les drames sont restés cachés.

À Rennes, elle a retrouvé ses amies et ses nombreuses connaissances. Nous l'avons invitée à la maison et aussi au restaurant. Elle nous invitait chez elle. Elle téléphonait souvent et j'essayais d'être attentive et aimable. Je prenais sur moi, mais je n'y arrivais pas.

Elle rencontrait aussi les voisins de son immeuble et fit la connaissance de familles nouvellement installées. Elle était encore complètement autonome et avait beaucoup de plaisir à retrouver ses amies. Vincent est venu la voir, seul. Hélène et lui venaient de se séparer.

À Saint-Jean, elle était bien entourée. Chaque mois sa voisine l'aidait à faire ses comptes. C'était nouveau pour elle. Mon père l'avait toujours tenue à l'écart de la gestion de l'argent. Sans doute pensait-il qu'elle serait trop dépensière. Cela avait été une source de conflits récurrents dans leur vie de couple. Tout au long de sa carrière, il avait bénéficié de substantiels avantages en nature, mais il redoutait toujours de se retrouver sur la paille. Rachetait-il sa culpabilité d'avoir quitté le séminaire en faisant des dons à l'Église ? Il avait refusé d'être un homme de Dieu pour être un homme qui s'adonnait à la procréation. Il avait préféré le mariage. Il avait déçu. On l'avait accueilli au séminaire gratuitement, car sa famille ne pouvait pas payer et il avait déserté.

Nous n'en saurons jamais plus. On pouvait lui faire confiance pour ne laisser aucune trace. Après sa mort, j'ai trouvé la liste des associations, toutes confessionnelles, auxquelles il versait de l'argent. Il a attendu de ne plus pouvoir écrire pour apprendre à sa femme à rédiger un chèque. C'était un an avant son décès.

Ma mère savourait sa liberté. Pendant toute la carrière de son mari, elle avait passé commande au Magasin de l'hôpital, au prix de gros, sans aucun choix. Mais c'était l'abondance ! car mes parents recevaient beaucoup. Elle s'est mise à faire pareil à Intermarché. Elle n'avait pas envie de se priver. Mais trouver dans son frigo des sauces moisies, des plats à moitié entamés et oubliés me mettait en colère. Elle recevait très bien ses amis, mais elle ne faisait rien des restes.

Désormais, elle allait à Lourdes, une petite semaine, avec le pèlerinage diocésain dans un groupe de personnes âgées et fragiles qui étaient accueillies là-bas dans une structure hospitalière. Et son bon docteur les accompagnait !

C'était un fervent catholique. Sa famille était du village de ma mère qui avait connu et fréquenté la sienne. Il devint le médecin de mes parents à la fin des années 90. Il venait parfois avec son épouse passer l'après-midi du dimanche avec eux. La lune de miel décrut au fil du temps, le médecin se lassant des exigences et des familiarités de sa patiente, surtout après la mort de mon père.

Depuis longtemps, j'avais envie de lui écrire une lettre pour lui dire ma rancœur, pour m'expliquer avec elle. Je savais qu'elle se plaignait de moi par-derrière comme elle l'avait toujours fait, alors qu'elle nous accueillait chaleureusement quand nous venions la voir.

J'avais envie de lui écrire la vérité : elle et mon père nous avaient élevés dans la culpabilité, j'en souffrais beaucoup et pour ce qui me concernait, la relation était brisée, définitivement. Voilà ce que j'aurais aimé qu'elle sache.

Cette lettre, je ne pouvais la faire du vivant de mon père. J'aurais fait flamber ses angoisses. Je fis un brouillon et me donnai quelques jours de réflexion. C'est alors que je reçus un appel de son médecin : ma mère faisait un infarctus et il venait de la faire hospitaliser. Il semblait inquiet comme quelqu'un de proche pouvait l'être.

Je ne lui avais pas encore envoyé ma lettre à laquelle je n'aurais pas manqué d'attribuer la responsabilité de son accident cardiaque ! L'infarctus n'était pas étendu, le pronostic favorable après la pose de stents.

Avec le loyer de l'appartement de Rennes, elle vivait au-dessus de ses moyens. Elle puisait dans les économies laissées par mon père, mais cela ne pourrait plus durer très longtemps. Elle évoqua le sujet et me dit : « alors, je dois laisser l'appartement de Rennes ? » j'ai vu alors son regard traversé par un éclat, une fulgurance qui m'a pénétrée et brûlée. Elle ajouta : « Papa m'avait bien dit que je ne pourrais pas garder les deux, Rennes et Saint-Jean… ».

Ce fut son dernier hiver à Rennes. Elle m'en voulait de ne pas prendre à ma charge le loyer de son appartement. Elle dit à ses amis que je le lui avais proposé, mais qu'elle avait refusé…

Il fut décidé que le déménagement se ferait au printemps de l'année suivante, cela nous laissait quelques mois. Et on lui proposa de venir chez nous une semaine, chaque année autour de Pâques, elle pourrait ainsi retrouver ses amies. C'était le prix à payer pour son éloignement.

J'avais le sentiment de me débarrasser d'elle. Je me sentais soulagée à l'idée qu'elle ne passerait plus la moitié de l'année près de nous, que nous ne serions plus obligés de l'inviter chaque dimanche ni de passer de temps en temps dans la semaine. Faire ses courses ne me pesait pas. Ce qui m'était insupportable était de la voir, de l'entendre, de l'approcher.

Je me sentais soulagée et coupable. Je prenais sur moi toute la responsabilité de l'échec de notre relation, un échec dénié : devant nous, ma mère faisait comme si tout allait bien.

Marius ne ménagea pas sa peine dans la préparation de ce déménagement. C'est lui qui choisit l'entreprise. C'est lui qui nettoya la cave et le grenier. Ma mère, elle, s'occupait des cartons. Elle ne cachait pas sa tristesse, un peu mieux sa rancœur. Elle n'avait pas fait le choix de partir.

Le déménagement se fit en avril. Ce fut l'occasion de faire un tri : ce qui ne fut pas donné ou jeté prit le chemin de Saint-Jean et vint remplir le grand garage de la maison. La mort dans l'âme, elle dit au revoir à ses amis.

Cela semblait cruel de la renvoyer ainsi chez elle. Mais elle avait une maison agréable et des liens dans une petite ville où elle avait longtemps vécu. À quatre-vingt-neuf ans, elle pouvait renoncer à son pied-à-terre de Rennes, sombre et donnant sur une rue très passante. Mais elle n'avait jamais été capable de renoncer, d'elle-même, à quoi que ce soit.

Elle a commencé à bénéficier d'une allocation personnalisée à l'autonomie : quelqu'un venait chaque matin pour l'aider à faire sa toilette. Elle supportait mal sa nouvelle femme de ménage qui se contentait de faire son travail. Par contre, Frances, déjà très âgée, sensible, frêle, était corvéable à merci, elle lui disait : « je suis votre employeur, vous faites ce que je vous demande ! ».

Elle avait pris à demeure un chat du quartier qu'elle retrouvait chaque été et qu'elle appelait Minet. Elle y était très attachée.

Elle a continué à mener sa vie de paroissienne, participant à tous les événements de l'église. Des amies un peu plus jeunes venaient régulièrement la chercher. Elle lisait. Elle était abonnée à La Vie depuis que ce journal existait, auparavant sous le nom de La Vie Catholique Illustrée.

On avait voulu nous y abonner, mais contrairement à mes frères, nous avions refusé, nous voyions cela comme une intrusion dans notre vie. Elle recevait des tas de brochures religieuses. Mais elle lisait aussi la biographie des reines et des grands de ce monde et se nourrissait de leurs intrigues.

Sa vie à Saint-Jean n'était pas désagréable, ponctuée par les passages des uns et des autres. Au moment de La Toussaint, nous l'emmenions au cimetière du Gué, et à Noël, nous nous retrouvions tous ensemble.

Et en avril 2008, le moment tant redouté de son séjour à Rennes est arrivé. Elle était très heureuse de venir chez nous. J'aurais tant aimé pouvoir me réjouir avec elle ! j'aurais tant aimé avoir du plaisir à accueillir ma mère à la maison. Alors que pour moi, *c'était un cauchemar*. Je me sentais envahie par toute notre histoire. J'avais la sensation de me dissoudre dès qu'elle s'approchait. Pendant toute une semaine, elle allait vivre sous notre toit. Le plus éprouvant, c'était le soir après dîner. Je n'avais rien, mais rien à lui dire… Elle essayait de m'entraîner dans des souvenirs communs, très douloureux pour moi. Elle semblait oublier combien elle m'avait maltraitée, comment elle avait détourné de moi, manipulé certaines de mes amies. Je lui ai dit sèchement que j'avais fait une croix sur le passé. Alors que je me souvenais parfaitement des événements qu'elle tentait d'évoquer sur un ton léger !

Je lui avais dit qu'elle venait pour voir ses amies. Je m'étais arrangée pour travailler moins cette semaine-là et j'ai organisé ces rencontres. J'ai préparé des goûters où je les laissais ensemble et des apéros où j'avais invité des connaissances communes. Et pendant ces moments où je n'étais pas seule avec elle, je me sentais mieux. J'avais pris contact avec une association pour que chaque matin, quelqu'un vienne lui faire sa toilette. Nous l'avons emmenée en ville, en voiture. Nous avons sillonné son quartier. Elle est allée à la messe avec ses amies. J'étais terrifiée à l'idée qu'elle tombe malade et qu'elle nous reste sur les bras.

Pourquoi avais-je si peur ?

Parce que je savais *que ma mère se nourrissait de moi depuis toujours.* Depuis toujours.

Elle ne se nourrissait pas de mes frères.

Elle me prenait ma substance. Elle attendait que je meure pour mourir à son tour.

Elle avait toujours nié mon altérité.

Elle ne me lâcherait jamais. Elle ne lâchait jamais rien.

Elle passait son temps à m'inventer. Ses inventions me revenaient souvent aux oreilles.

En ne lui permettant pas de rester à Rennes, je lui avais imposé une distance géographique au prix d'un séjour annuel d'une semaine chez nous.

Elle viendra à sept reprises. Au fil du temps, certaines amies sont décédées, d'autres sont parties en maison de retraite. Tout s'est arrêté avec la maladie et la mort de Marco.

Il n'y eut pas d'incident majeur. Il lui arrivait d'avoir des quintes de toux, liées à son insuffisance cardiaque, mais elle n'a pas été malade. Elle était sincèrement contente de revoir ses amies qui nous furent reconnaissantes de leur avoir rendu possibles des retrouvailles avec elle… J'ai au moins pu lui donner cela sans arrière-pensées.

Les séjours ayant lieu pendant les vacances de printemps, elle passait ensuite une semaine chez Vincent qui vivait sa présence et sa proximité bien mieux que moi. Il pouvait ressentir de l'agacement, du ras-le-bol, mais jamais un danger de dépersonnalisation.

Et pour ses quatre-vingt-dix ans, nous nous sommes tous retrouvés à Rennebourg dans une jolie demeure. Notre hôtesse nous a reçus dans ses appartements, elle avait préparé un repas de fête. À part les deux plus jeunes, ses petits-enfants étaient maintenant des adultes. Certains l'adoraient, tous l'aimaient. Et ses trois enfants étaient présents, contents d'être ensemble, à rire, manger, boire et chanter…

En mars 2009, elle a fait une chute et s'est cassé le genou. On lui posa une prothèse. Les intervenantes de l'association passaient désormais chaque soir pour l'aider à enlever ses bas de contention et la préparer pour la nuit. Mais il était hors de question de la mettre au lit !

Cette année-là, elle n'est pas venue en Bretagne. J'étais soulagée et je me disais qu'à l'avenir, elle serait peut-être trop impotente pour pouvoir se déplacer. C'était mal la connaître : aidée d'un déambulateur, elle a déployé une volonté farouche, une force incroyable pour continuer à faire ses affaires. Elle est même retournée à Lourdes au mois d'août avec le pèlerinage des malades.

Ma mère avait quatre-vingt-douze ans quand elle est devenue arrière-grand-mère. À Noël, il y eut une fête pour l'arrivée de Naïs. Elle lut un très beau texte qu'elle avait préparé. La soirée se déroula en chansons et en musique, Marie au violoncelle, Marco avec son hautbois et Youen à la percussion.

Les tensions disparaissaient le temps des manifestations festives, mais revenaient rapidement. Ma mère ne supportait pas qu'on lui résiste. Des conflits éclataient entre elle et Marie. Elle aimait se raconter et raconter à qui voulait l'entendre que cette dernière avait brisé le mariage de son fils. Marie réagissait et finissait par claquer la porte en pleurant pour se réfugier chez la voisine qui les hébergeait, elle et Marco.

Elle s'inventait des relations avec des « grands ».

— Quand nous habitions à Versailles, j'allais à la messe à la cathédrale, tôt le matin et j'étais assise à côté de la comtesse de Paris…

Croyait-elle ce qu'elle racontait ? Elle n'allait pas à la messe en semaine tôt le matin, mais seulement le dimanche avec son mari et ses enfants.

Quand nous lui rendions visite à Saint-Jean, elle nous parlait de son enfance. Un jour, elle nous raconta avec quelle jubilation, petite fille, elle éclaboussait sa mère qui essayait de la laver dans une bassine. Elle avait fini par se prendre une claque. C'était un très bon souvenir. J'imaginais bien la situation. Ses récits se terminaient souvent avec ces mots : « j'ai eu une enfance très heureuse, tu sais ! »

Je me suis alors entendu lui dire : « Mais toi, tu m'as maltraitée… »

« Je ne me souviens pas », a-t-elle répondu aussitôt. L'incident était clos. Mais j'étais contente de moi. D'avoir pu nommer les choses en dehors d'un conflit. Au moment où elle évoquait son enfance heureuse avec ses mots accompagnés de cette expression « tu sais » dont j'ai horreur. Expression qui impose une intimité, une complicité à celui qui l'entend. Une expression qui fait intrusion.

J'aurais voulu développer le sujet de sa maltraitance à mon égard, mais elle ne s'en souvenait plus. Ma plainte était condamnée à errer, sans destinataire.

Dans ces années-là, avant, peut-être après cette brève conversation, Vincent était venu passer le week-end à Rennes et lors du dîner, j'ai évoqué la haine que je ressentais pour elle. Je n'oublierai jamais le bon qu'il a fait. « La haine ? Tu as de la haine pour maman ? »

C'était bien le mot qui était sorti de ma bouche. Rancœur était peut-être un terme plus juste. Un sentiment violent, négatif, douloureux. Je n'avais pas envie de la faire souffrir, je souhaitais juste en être débarrassée pour toujours, ne plus jamais la revoir. Elle m'accusait de la faire souffrir. *C'était mon altérité qui la faisait souffrir. C'était notre relation que je haïssais.*

La semaine suivante, Vincent m'appela pour me dire qu'il lui avait téléphoné. Il ne lui avait pas parlé de ma haine, mais de ma rancœur et lui avait demandé de m'écrire une lettre qu'il voulait lui dicter ! Elle lui rétorqua que si elle devait m'en adresser une, c'est elle qui la ferait.

Mais je n'ai jamais rien reçu. Il m'expliqua que notre conversation l'avait rendu insomniaque.

La haine. Ce n'était peut-être pas le mot juste, mais c'est le mot qui m'était venu.

Marco et Marie ont fait le projet de venir s'installer en Bretagne. Mon frère était entier, exigeant. Il passait et perdait beaucoup de temps à se battre pour obtenir des crédits pour poursuivre sa recherche. Il voulait retourner à sa terre d'adoption. Il fit le choix du CNRS de Brest. Il trouva un terrain d'entente avec le directeur.

C'est dans ce contexte qu'on a diagnostiqué un cancer du sein à Marie. Devant quitter l'Alsace dans l'année à venir, elle avait commencé à prévenir ses patients qui se retrouvèrent plus tôt que prévu sans leur médecin.

Et ils nous firent part de leur intention de se marier. Françoise, la voisine de ma mère, devenue depuis longtemps notre amie, serait leur témoin. Les parents respectifs des mariés ne furent pas invités. Marie était en difficulté avec les siens et l'état de ma mère fut estimé trop précaire pour qu'elle puisse entreprendre ce long voyage en train. En réalité, les relations étaient toujours tendues entre elles deux. Marie était définitivement la mauvaise femme qui avait cassé le mariage de son fils. Elle avait séparé ceux que Dieu avait unis ! Néanmoins, ma mère se plaignit de n'être point invitée et resta persuadée que les parents de sa belle-fille étaient conviés à l'événement.

Quand Marco, père de deux jeunes enfants, avait décidé de quitter Olivia, au bout de dix-neuf ans de vie commune, Marie s'était trouvée là. Mon petit frère était un être torturé. Olivia et lui rencontraient chacun un analyste pour tenter de métaboliser, de digérer, de transformer, d'alléger les traumatismes de leur enfance. Comme moi, Marco se sentait coupable d'exister. Leurs souffrances respectives finirent par les éloigner l'un de l'autre. Je n'ai pas mesuré l'intensité de son mal-être. J'aimais Olivia comme une sœur, j'étais sensible à son chagrin, moi-même triste d'une séparation que je savais pourtant inéluctable. Marco s'est senti très seul et Marie s'est trouvée là. Elle l'aimait. Elle avait été la baby-sitter des petits et l'amie de leur maman. Des secousses sismiques commencèrent à déferler et à dévaster le monde des enfants dont les parents se déchiraient. Ils se tournèrent vers leurs grands-parents paternels qui devinrent leur havre de paix et surent les accueillir, les écouter et les aider.

Ma mère était repartie en guerre. Mon père essayait de comprendre son fils, mais n'y arrivait pas. Son fils marié devant Dieu. C'était indéfectible, mais contrairement à sa femme, il voyait la souffrance de Marco et cela le rendait malheureux.

La baby-sitter, devenue la compagne du père, et maman d'un demi-frère qu'ils chérissaient, un jeune garçon de onze ans, allait être, au bout de seize ans de vie commune, la belle-mère officielle de Yann et Maïwenn.

Nous étions en mars et il faisait froid. Marco nous emmena visiter la cave des Hospices de Strasbourg et après déjeuner nous nous rendîmes à la Mairie. Leurs meilleurs amis étaient présents, des musiciens et des Bretons exilés en Alsace. Puis nous sommes sortis ; Gildas, en kilt et en tête de notre petit cortège, joua de son bagpipe sous le regard des flâneurs et des passants. Mon frère et ma belle-sœur avaient réservé la salle d'un petit restaurant thaï pour le dîner. Ce fut une soirée intime et chaleureuse qui ne se poursuivit pas tard dans la nuit.

Mais ils avaient prévu une autre fête – déguisée, celle-ci –, qui aurait lieu à Saint-Jean au mois d'août. Ce fut une fête magnifique, grandiose, païenne, très marquée par la présence de Marco, vêtu de peaux de bête, il incarnait un chaman et invectivait le ciel. Une fête surréaliste dans le jardin où se croisaient sans surprise et avec un plaisir certain, François 1er, Fidel Castro, David Bowie, une Indienne des hauts plateaux des Andes, une nymphe de la forêt, le mime Marceau, un golden boy et ses copines tropéziennes, un très jeune cow-boy, une paysanne, une cartomancienne, un chanteur yéyé des années 60. On avait revêtu ma mère d'une robe chinoise et on lui avait mis un nez de clown. Il faisait beau et chaud. Le jardin fut pendant quelques heures le théâtre d'activités étranges et de rencontres improbables. Comme d'habitude, Vincent déploya ses talents de conteur. Comme d'habitude, on but, on fit bonne chère, on chanta et on rit. Comme d'habitude, on resta à la limite de la démesure.

Comment ma mère vivait-elle tout cela ? Elle avait toujours aimé les fêtes, religieuses, mais aussi profanes. Elle aimait rire et chanter. Elle n'était jamais la dernière à raconter des histoires.

Oublia-t-elle un moment que Marco et Marie fêtaient leur mariage ?

Nous nous sommes tous retrouvés au Noël suivant pour célébrer ses quatre-vingt-quinze ans.

Le repas eut lieu à l'Abbaye de Saint-Jean. L'hôtesse du domaine de Renneboug, qui nous avait si bien accueillis pour les quatre-vingt-dix ans de notre mère puis pour les cinquante ans de Marco, avait vieilli et ne recevait plus.

La salle de réception n'avait pas le charme un peu désuet et romantique des salons de Rennebourg, mais un côté plus solennel qui correspondait bien à l'héroïne de la fête.

Elle nous a fait son petit discours. Mes frères avaient composé une chanson que nous avons chantée ensemble. Comme toujours, Arlette, notre vieille cousine et Françoise étaient des nôtres. Quatre générations se côtoyaient : quatre-vingt-douze années séparaient Naïs de son arrière-grand-mère. Les conjoints des petits-enfants étaient présents.

Ma mère restait pareille à elle-même, si ce n'est qu'elle se déplaçait plus difficilement et avec l'aide de son déambulateur. On lui faisait désormais toutes ses courses. Les économies laissées par mon père fondaient tranquillement. Frances se déplaçait toujours à la demande et ma mère ne regardait pas à la dépense. Le frigo continuait à être rempli de produits entamés et moisis.

Elle s'est cassé le col du fémur en tombant dans sa cuisine et on lui a posé une prothèse de hanche. Un jour que j'arrivais dans le couloir du service, je vis que c'était tendu entre elle et la kiné que j'entendis lui dire : « Madame Lemoine, arrêtez de faire votre diva ! ». Elle se remit bien de son accident. Son médecin traitant ne prit pas de ses nouvelles, il semblait être passé d'une relation idyllique, idéalisée, à un certain désinvestissement. Mais elle refusa formellement d'en changer. Elle se contenta désormais de l'appeler pour son renouvellement d'ordonnance, elle était encore tout à fait capable de le faire…

Marco était arrivé à Brest avant Marie, très occupée avec la fermeture de son cabinet, et Youenn qui terminait sa sixième. Il avait commencé à faire quelques travaux dans la maison qu'ils avaient trouvée dans le quartier de Lambezellec, une maison assez grande, de deux étages, et avec un jardin, une maison qui leur ressemblait. Il nous avait fait visiter son laboratoire, tout content d'avoir obtenu les locaux qu'on lui avait promis.

Ma belle-sœur, remise de son cancer, ouvrit son nouveau cabinet. Et Youenn qui ne voulait pas quitter Strasbourg se sentit rapidement très à l'aise dans son nouveau collège. Il allait au Conservatoire et faisait du sport de haut niveau. Marco jouait du hautbois, Marie du violoncelle. Nous découvrîmes les atmosphères d'une ville que nous ne connaissions pas, toute en collines et en vallées, et traversée par des ponts, une ville de port, un peu rude et balayée par les vents.

Ils étaient heureux. Nous étions heureux.

Et puis, il y eut, en juillet, la première manifestation de la maladie. Une crise d'épilepsie, identifiée comme telle par Marie et que Marco nous a présentée comme une hydrocution, car il l'avait faite dans l'eau. Il est décédé juste un an plus tard, le douze juillet 2016. Le diagnostic de gliome sera posé début novembre par un neurochirurgien de La Pitié Salpêtrière.

L'été est traversé d'angoisses et d'incertitudes. Mon frère a une hémiparésie du côté droit, qui parfois semble régresser pour revenir ensuite. Il est dans le déni et notre inquiétude suscite sa colère. Il maintient la conférence qu'il doit faire à Belgrade, fin août. Là-bas, il tombe et ne trouve plus ses mots. Il arrive quand même à rentrer à Brest où Marie l'oblige à se faire hospitaliser.

L'IRM ne présentait pas de localisation tumorale, mais des taches blanches disséminées. Une biopsie du cerveau fut évoquée, mais mon frère s'y opposa. Peu après, il lui fut impossible de se rendre à son labo. Les troubles s'aggravaient, inexorablement.

Et début novembre, le diagnostic est tombé. Marco avait une espérance de vie de six mois. Cette annonce tua définitivement tout espoir même si le traitement, extrêmement lourd, fut mis en route, sans doute pour qu'il ne se sente pas abandonné, pour qu'il puisse lui être dit : « Accroche-toi ! »

Je ne suis pas sûre que mon frère ait mesuré l'inexorabilité du verdict. Elle n'a pas pu ne pas l'atteindre, mais il ne l'a pas pensée. Il avait l'air sonné, ahuri. Et son terrible calvaire a commencé. Sa maladie fit ressurgir des tensions en sommeil entre ses aînés et leur belle-mère. Chacun vivait sa douleur et chaque douleur était insondable. La sienne qui s'accompagnait d'une solitude absolue face à sa propre mort, celle de Marie, de ses enfants, la mienne. Des douleurs, il y en eut d'autres. Mais de ces douleurs-là, je peux témoigner. Elles se croisaient et éclataient comme des éclairs.

Quand Marco appela notre mère pour lui annoncer la nouvelle, il avait déjà une élocution difficile. Son entourage redoutait qu'elle ne s'effondre. Elle fut sans doute très atteinte, mais devant ses proches, elle a gardé le contrôle de ses émotions. Je me sentais incapable, absolument incapable, d'échanger avec elle sur le malheur qui s'était abattu sur mon petit frère.

Elle appela le fils et la belle-fille de ses amis de Saint-Brieuc qui habitaient Rochefort. Ils vinrent la chercher pour l'emmener à Brest voir Marco.

Cette année, nous ne passerions pas Noël à Saint-Jean. Nous nous retrouverions tous dans le Finistère, chez Vincent. Catherine et les filles avaient préparé une table de fête, magnifiquement décorée. Mais planant sur cette harmonie de couleurs où nature et nourriture se mêlaient, la tristesse était infinie. C'était le dernier Noël de Marco. Chacun le savait, mais tous, nous le retenions dans notre vie. Ce jour-là se voulait festif : c'était Noël et l'anniversaire de notre mère.

Nous sommes partis voir ensuite les illuminations de Locronan. Pauvre Marco ! il avait tellement de mal à marcher ! On lui disait : « accroche-toi, Marco, le traitement va faire de l'effet ! ». Au début, on y croyait, on avait besoin d'y croire…

Ma mère ne vint pas à Rennes. J'allais prendre ma retraite et je travaillais déjà à mi-temps, ce qui me permettait de partir à Brest le reste de la semaine. Marius fut aussi très présent pendant la maladie de Marco. Marie devait maintenir son activité au cabinet et avait mis en place les aides à domicile. Dès que je le pouvais, j'allais les rejoindre. J'emmenais Youenn à ses activités de musique et de sport, je faisais ce qu'il y avait à faire dans la maison pour soulager ma belle-sœur et surtout j'étais avec Marco.

Ma mère l'appelait au début puis cessa de le faire. Il ne pouvait plus y avoir de conversations. Elle prit alors de ses nouvelles auprès des uns et des autres. Plusieurs fois par semaine, elle lui envoyait des cartes au dos desquelles elle écrivait un petit mot d'encouragement. Son entourage disait d'elle que c'était une femme forte, car elle ne s'effondrait pas. Elle savait, elle sentait que je ne voulais pas parler avec elle. Je ne pouvais pas. Parler de Marco, c'était aussi parler de moi.

Quand ai-je arrêté de parler avec elle ? Dès que j'ai compris qu'elle interprétait chacun de mes gestes. Alors, j'ai développé des stratégies pour lui échapper. J'essayais de me protéger, mais elle me fouillait. Ses mains fouillaient, ses yeux fouillaient et ses paroles condamnaient. Marco aussi se méfiait d'elle. Enfant, il avait installé, dans le couloir de sa chambre, un dispositif sonore qui l'informait de l'arrivée de sa mère.

Début juin, il a été admis en soins palliatifs. Il y a rencontré beaucoup d'humanité et chacun d'entre nous, qui l'accompagnions, a bénéficié à un moment ou à un autre, quand il en avait besoin, de l'écoute d'un soignant.

Un jour, la femme médecin qui s'occupait de lui nous dit qu'il souhaitait voir sa mère. Marius est allé la chercher et nous sommes partis à Brest.

Elle parcourut le couloir avec son déambulateur. Yann et Maïwenn étaient dans la chambre. Mon frère ne pouvait déjà presque plus bouger, il ne pouvait plus faire de phrases, il pouvait juste sortir quelques mots, difficilement, mais il attendait sa mère.

Au lieu de s'adresser à son fils, elle commença à parler de lui, alors qu'il était tout à fait conscient. Nous lui disions : « il t'entend, tu peux lui parler ! parle-lui ! ».

Mais elle ne savait pas quoi lui dire. Ses enfants faisaient ce qu'ils pouvaient pour qu'il se passe quelque chose, mais Marco ne disait rien, car il ne pouvait plus parler. Il attendait peut-être que sa mère lui dise qu'elle l'aimait, qu'elle lui dise les choses qu'elle écrivait au dos des cartes qu'elle continuait à lui envoyer.

Alors, elle s'est rengorgée, elle a bombé son buste et elle a dit : « *Je serai la première à fêter mes cent ans !* »

Voilà ce que ma mère a dit à son fils mourant. J'ai crié : « Maman, tais-toi ! »

Yann et Maïwenn sont restés de marbre. Et peu après, nous sommes sortis de la chambre avec elle.

« Je serai la première à fêter mes cent ans ! »

Dans deux ans et demi, ma mère serait centenaire. Elle était en train de se projeter centenaire, de se vivre centenaire aux côtés de son fils qui avait voulu la rencontrer une dernière fois. Elle, elle allait continuer à vivre et elle ferait la fête pour ses cent ans !

Alors, je l'ai haïe ! et j'étais effondrée que mon petit frère ait pu entendre une déclaration qui était une négation de son existence. On allait tourner cette page et dans deux ans on ferait la fête.

Oui, je l'ai haïe comme jamais je ne l'avais fait.

À aucun moment, je ne l'ai entendue dire qu'il aurait été plus naturel qu'elle parte avant lui. Ces mots atroces sont gravés en moi.

Mais Marco était mon petit garçon et jusqu'à sa mort, je lui ai dit combien je l'aimais. Dans notre vie, il y eut des moments difficiles, des tensions, il y eut de l'incompréhension, mais il n'a jamais douté de mon amour pour lui. Je l'ai choyé jusqu'au bout de ce long calvaire.

Ma mère n'avait pas tort d'être prétentieuse : elle est toujours là. Et il y eut une fête pour ses cent ans.

Chacun attendait la mort de Marco. On l'attendait comme une délivrance pour lui et pour nous. Il est parti le douze juillet dans la matinée, à l'âge de cinquante-six ans et six mois.

Mon petit frère que j'aimais tant.

De nouveau, le fils des amis de ma mère et sa femme l'ont amenée à Brest pour les obsèques. Je n'avais pas du tout envie de l'approcher. Je ne voulais pas qu'elle soit le témoin de ma douleur. Yann et Maïwenn la prirent en charge et poussèrent son fauteuil roulant tandis que Marius et moi, nous prenions soin de mes cousins, de notre vieille cousine Arlette et de Françoise, notre amie de Saint-Jean.

Une fervente catholique, que connaissaient Marco et Marie, fit fonction d'aumônière et lut des prières dans la chambre funéraire où ceux qui le souhaitaient vinrent se recueillir. Ma mère était là. Son fils n'eut pas d'obsèques religieuses classiques. Son cercueil ne fut pas exposé devant l'autel d'une église. Marco n'aimait pas les institutions. Ensemble nous ne parlions pas de nos croyances, mais nous évoquions souvent nos souffrances liées à l'intolérance de nos parents. Dans les longs moments que j'ai passés avec lui, en soins palliatifs, il m'a dit sa stupeur face à la mort. Dieu ? Il se demandait..., oui, il pensait plutôt que Dieu existait.

— Alors, c'est un Dieu différent de celui de nos parents, lui ai-je répondu. C'est sûrement un Dieu gentil.

Des collègues du CNRS, de Strasbourg et de Brest lui rendirent ensuite un très bel hommage. Ses amis musiciens jouèrent du piano, du hautbois et du violon. Chacun de ses proches lut le texte qu'il avait préparé. Ma mère était assise dans son fauteuil au premier rang. Elle écoutait.

Je m'adressai à lui. Je le racontai petit garçon, adolescent, adulte. Mon témoignage ne se situait pas dans la bien-pensance ; il était vrai, douloureux sans être violent. Il se voulait à une juste distance des événements qu'il avait vécus, des situations dans lesquelles il s'était retrouvé.

Ma mère était fière de raconter que des pontes, venus aux obsèques, lui avaient serré la main. Elle n'était pas effondrée. Elle avait perdu une bataille : dans sa vie, son fils ne s'était pas comporté comme un enfant de Dieu. Très jeune, il avait vécu avec une fille, dans le péché. Un jour, ils s'étaient mariés, à l'église, puis il l'avait quittée. Il en avait trouvé une autre avec laquelle il avait eu un enfant.

Mais dans deux ans et quelques mois, elle fêterait ses cent ans !

C'était l'été 2000. Dans un refuge pyrénéen, la veille de l'ascension du pic du Midi d'Ossau. Nous parlions de notre mère. Je ne sais plus lequel de nous a énoncé l'idée qu'elle souhaitait qu'on meure avant elle. Je ne sais plus lequel de nous a répondu qu'il pensait la même chose. Je ne sais plus à propos de quoi nous étions arrivés sur le sujet.

Ma mère racontait à qui voulait l'entendre que j'étais de santé fragile et que je ne pourrais peut-être pas faire d'études. Elle me donnait à lire des histoires d'enfants, fervents chrétiens, qui mouraient très jeunes de maladie. Des récits édifiants, exemplaires. Est-ce que c'était cela qu'elle aurait aimé pour moi ?

Alors qu'elle avait une fille *terrible* qui lui résistait et qu'elle avait envie de *moudre*. *J'étais tellement terrible que j'allais la faire mourir.* Combien de fois ai-je entendu cela ?

Tout bébé déjà, je fatiguais ma mère : je lui donnais des abcès aux seins en buvant son lait. Je lui donnais du travail en souillant mes couches. Sans parler de tout ce qui allait suivre : quand j'allais vouloir *exister pour moi-même.* Pour moi-même ! mais quelle prétention ! quel péché d'orgueil ! Et elle passait son temps à monter mon père contre moi, à lui montrer que j'avais le diable au corps.

Avec Vincent, ce fut différent : il se retrouvait dans du familier. Il se reconnaissait dans le petit garçon qu'il avait été. Il ne voulait pas que son fils vive le drame qui avait été le sien : celui d'avoir déçu les attentes, les espérances de ceux qui l'avaient accepté au séminaire, pensant qu'il serait prêtre. Être maman de prêtre, c'était le rêve de ma mère. Cela prouve qu'on a bien eu un enfant de Dieu. Et puis, c'est être la seule femme à le connaître intimement. L'idée que son fils soit un bon chrétien suffisait à mon père. Il n'acceptait pas que ma mère le tourmente avec cette idée.

Mes parents avaient une fille terrible et un gentil garçon. Cela leur suffisait. Et Marco est arrivé. Il n'était pas le bienvenu. Et de nouveau ma mère a espéré pouvoir en faire un prêtre, mais il s'est avéré qu'il était aussi *terrible* que moi. Ce serait déjà difficile d'en faire un bon chrétien. Vincent comblait notre père. Il n'y avait pas de place pour Marco. Pas de place pour du plaisir à être avec lui. Mais il fallait qu'il marche droit : il était très présent pour les sanctions.

Quel énoncé mon petit frère a-t-il entendu, qu'a-t-il ressenti ? Pour penser, lui aussi, que ma mère avait envie qu'il meure avant elle. Sa culpabilité à exister ne fut sans doute pas étrangère à la survenue de sa maladie, mais une composante parmi d'autres.

Le jour des obsèques, j'ai croisé ma mère parmi ceux qui étaient là. Je ne lui ai pas adressé la parole. Je l'ai ignorée. Elle était entourée de Yann et Maïwenn. Youenn était aux côtés de Marie. Je ne me sentais pas la fille de ma mère. Je me sentais la sœur de mon petit frère, nous avions fait jadis notre temps dans la même caverne. Fut-elle hospitalière à l'époque ? J'ai du mal à le croire. Moins que jamais, je me sentais la fille de cette femme qui avait osé, moins de quinze jours plus tôt, parler de la fête de ses cent ans. J'aurais aimé, tellement aimé ne plus jamais la revoir…

On peut toujours rêver.

Mes parents ne se représentaient pas l'au-delà de la même manière. Mon père redoutait que Dieu ne l'accepte pas à ses côtés, car il n'avait pas su transmettre sa Foi à ses enfants. Il avait de la culpabilité pour deux, car sa femme ne connaissait pas le doute : Croisée exemplaire, elle serait accueillie au Ciel à bras ouverts. Elle avait combattu dès notre naissance pour nous garder dans le droit chemin, elle s'était déchaînée sur nous, en vain. Ce n'était pas de sa faute ! Elle, elle serait parmi les élus, elle retrouverait ses parents et son mari.

À Noël, nous avons déserté Saint-Jean. Nous sommes allés rejoindre Lou, sa femme et leur bébé qui se trouvaient à Londres. Je ne m'imaginais pas fêter l'anniversaire de ma mère. Mais nous sommes venus la première semaine de janvier, le mois des vœux. J'ai apprécié que mes connaissances, mes amis me disent juste qu'ils pensaient à moi. J'étais amputée de mon petit frère et je devais continuer à vivre.

Elle n'arrivait plus beaucoup à se mouvoir : elle se reposait sur les intervenantes et ne prenait plus aucune initiative. Et quand l'une venait pour la première fois, elle se gardait bien de lui indiquer où étaient rangées ses affaires.

C'est qu'elle n'était pas du tout satisfaite. Elle se plaignait avec beaucoup d'aigreur et se sentait offensée. Elle téléphonait à l'association pour accuser l'une ou l'autre d'avoir emporté un objet que nous retrouvions peu après. Elle restait une guerrière, il lui fallait toujours une mauvaise femme et le sort tombait sur quelqu'un qui avait un travers qui lui déplaisait. Les intervenantes étaient des personnes très simples, certaines, compétentes et attentives ; d'autres l'étaient moins, mais toujours quelqu'un venait.

La mauvaise femme, c'était moi ! : comment pouvais-je laisser une telle mère aux mains de personnes pour lesquelles elle n'avait pas d'estime ou qu'elle jugeait du haut de sa hauteur ?

Corinne se détachait du lot. C'était une femme grande et charpentée, entre la cinquantaine et la soixantaine, d'une rigueur un peu militaire, mais elle prenait son travail très à cœur. Surtout elle anticipait, elle voyait les choses à faire, elle était organisée et débrouillarde et elle percevait la dépendance croissante de ma mère. Elle venait souvent et de façon régulière et cela lui conférait un statut de référente, statut que nous lui attribuions, mais qui n'existait pas dans l'association. Elle râlait après ses collègues qui faisaient mal leur boulot, elle râlait facilement, mais derrière son aspect bougon, un peu rude, il y avait beaucoup de bienveillance et une grande franchise. Nous la connaissions depuis longtemps, car elle s'était occupée de mon père à la fin de sa vie. Elle avait parfois du mal à supporter les caprices, les airs pincés et les réflexions blessantes de ma mère quand celle-ci était contrariée, mais elle n'en était pas profondément atteinte et avait du répondant.

Frances venait chaque jour, sauf le dimanche, préparer et accompagner le déjeuner. Souvent après avoir dû faire des courses de dernière minute. Elle avait du mal à effectuer son service, car ma mère l'accaparait sans arrêt. Parfois, au moment où son employée devait partir, elle décidait d'aller dans le jardin. Elle ne pouvait plus y aller seule sans risque de tomber et si Frances ne cédait pas, elle lui disait : « J'irai quand même et s'il m'arrive quelque chose, ce sera de votre faute ! » Ou encore : « Je suis votre employeur ! » ce qu'elle ne pouvait pas dire aux salariées de l'association d'aide à la personne.

Frances qui la connaissait depuis très longtemps puisqu'elle aussi était venue s'occuper de mon père, l'avait mise sur un piédestal des années durant et peu à peu elle découvrait une autre femme. Sa désillusion fut très douloureuse.

Quand ma mère rencontrait quelqu'un, elle manifestait des marques d'intérêt, elle s'arrangeait pour créer un climat intime favorable aux confidences. Mises en confiance, les unes et les autres se dévoilaient. Les personnes qui ne venaient pas très souvent lui prêtaient beaucoup d'empathie et de bienveillance.

Frances était une femme déjà très âgée, veuve depuis longtemps d'un mari hôtelier qui avait fait faillite. Elle était dans un grand dénuement et avait besoin de travailler. Ma mère le savait et elle tirait sur la corde. Digne, discrète, cultivée, car elle lisait beaucoup, Frances avait du mal à s'opposer à ses exigences et à ses caprices. Elle se sentait blessée : pensant qu'on avait eu de la considération pour elle, elle avait confié les drames de sa vie. Je la poussais à refuser les demandes sans limites. Très fine, elle s'était probablement rendu compte de ma propre souffrance. Elle avait dû entendre bien des choses à mon sujet !

À côté des femmes qui venaient ponctuellement, Corinne et Frances faisaient l'essentiel du travail. Elles ne pouvaient pas être plus dissemblables. La première critiquait beaucoup la seconde, pensant qu'elle aurait pu faire aussi un peu de ménage, mais Frances gérait le déjeuner, faisait du repassage, et surtout ma mère l'utilisait comme dame de compagnie, n'hésitant pas à l'interrompre dans ce qu'elle était en train de faire : Frances devait l'écouter. Corinne s'occupait de la toilette, des soins corporels, du ménage, et ce que ne faisaient jamais les autres intervenantes de l'association, des lessives. L'une n'aurait pas pu faire ce que faisait l'autre.

Elles ne travaillent plus chez ma mère. La première a eu des problèmes rhumatologiques invalidants et la seconde, vraiment trop âgée et fatiguée, ne la supportait plus. Corinne téléphone régulièrement à Frances pour prendre de ses nouvelles. Toutes les deux ont de grandes qualités humaines et au fil du temps ont appris à s'apprécier.

Mais le socle, c'était sa voisine Françoise qui faisait maintenant partie de la famille. Elle passait chaque soir voir si tout allait bien. Elle continuait à lui faire quelques courses. Ma mère n'était jamais satisfaite et se plaignait : on lui avait dit qu'elle devrait être bien plus aidée. Elle connaissait quelqu'un qui connaissait quelqu'un…

Depuis quelque temps, son médecin la pressait d'aller en maison de retraite. Et comme elle s'y opposait, il lui dit qu'il faudrait qu'elle envisage de se cantonner désormais à sa chambre.

Quand nous étions là, nous pouvions entendre leurs conversations très animées : on riait, on blaguait avec beaucoup de familiarité. Ces propos furent-ils tenus sous forme de plaisanterie ?

Elle ne voulait toujours pas changer de médecin. Quand nous le croisions, il était aimable. Nous échangions quelques mots. Il trouvait que l'état de santé de sa patiente était stable, elle se débrouillait avec lui. Françoise allait à la pharmacie chercher les médicaments et une infirmière passait faire le pilulier.

Il y avait un certain temps qu'elle ne se rendait plus à l'église le dimanche pour la messe. Elle la regardait à la télévision. Elle chantait parfois en même temps que l'assemblée des fidèles. Elle était entourée par un petit groupe d'amis de la paroisse. Les réunions du Rosaire avaient lieu chez elle et même parfois la messe ! Elle avait arrêté d'aller à Lourdes, mais elle gardait des liens avec Jean-Pierre et Marie-Claire qui avaient poussé son fauteuil roulant dans l'enceinte de la grotte. Ils venaient lui rendre visite chaque semaine. C'étaient des personnes très ouvertes et bienveillantes.

Mes parents avaient accueilli de nombreux amis à Saint-Jean. Beaucoup étaient morts, ceux qui restaient avaient trop vieilli pour se déplacer comme avant. Nous étions les seuls, avec Vincent, à venir régulièrement et ses petits-enfants quand ils le pouvaient, mais certains vivaient à l'étranger. Yann, sa femme et Maïwenn étaient toujours là la veille, le jour et le lendemain de Noël. Marie passait en été, ainsi Youenn pouvait voir sa grand-mère.

Ma mère ne téléphonait plus : elle estimait que c'était à nous de le faire. Elle se déplaçait toujours dans sa maison, avec son déambulateur. Elle passait du temps dans le bureau de mon père, à ranger des papiers ou plutôt à les changer de place, à lire ou relire des lettres, elle notait sur des petites feuilles ou sur son agenda ce qu'elle avait fait, qui l'avait appelée, qui était venu la voir ou elle copiait une phrase ou une maxime qui lui avait plu. Elle passait beaucoup de temps dans le salon à regarder ses albums de photos, elle en avait plus d'une cinquantaine. Toujours abonnée à l'hebdomadaire La Vie, elle en faisait les mots fléchés. Sa voisine lui apportait Sud-Ouest une fois qu'elle l'avait lu et elle le parcourait. Des livres qu'on lui avait offerts traînaient là depuis bien longtemps. À part la messe dominicale, elle regardait peu la télévision, sauf pour suivre les mariages princiers ou les obsèques de personnages importants.

Je m'obligeais à lui téléphoner une fois par semaine, le dimanche. Je n'avais rien à lui dire. Parfois dans la semaine, j'avais une idée d'un sujet de conversation, mais mon envie s'évanouissait dès que j'entendais sa voix. Je voulais rester à l'abri de son regard, car même à distance, il y avait son regard. Sa voix et son regard étaient liés. La communication téléphonique ne durait pas. Elle sentait que je m'obligeais à l'appeler. J'étais définitivement une fille terrible. Je l'aimais, mais je ne savais pas le montrer. L'appeler le dimanche n'était pas une corvée, mais un supplice.

Par Françoise, sa voisine, nous savions tout ce qui se passait au 39 de la rue.

Mes parents avaient vendu la maison acquise en viager au moment de notre départ en Seine-et-Oise et acheté un grand terrain tout proche pour y faire construire ce qui allait devenir leur résidence d'été, à la fin des années 60. Ils firent la connaissance de leurs voisins. Les parents de Françoise, défenseurs de l'école laïque et les miens, connus pour leur militantisme religieux, ne se rencontraient pas.

Au moment de sa retraite, après leur décès, leur fille, qui avait toujours habité dans des logements de fonction, revint vivre dans la maison de son enfance. Un lien de voisinage, puis d'amitié s'est alors créé entre elle et mes parents. Au fil du temps et des circonstances, le lien est devenu *familial*. Malade, devenu dépendant, mon père découvrit la générosité et l'humanité de cette voisine athée et de gauche. Ma mère aussi l'aimait bien, se racontait et essayait de se l'attacher. De vingt-deux ans son aînée, elle se mit à la tutoyer sans lui proposer d'en faire autant. Françoise en resta donc au vouvoiement.

Au début, nous la voyions comme *la gentille voisine de nos parents*. Puis mon père est décédé.

Françoise essaya d'intéresser ma mère aux colonnes des entrées et des sorties d'argent de son relevé bancaire. Les entrées, c'était relativement facile, c'était la pension de réversion. Les sorties, c'étaient les courses à Intermarché et quand le montant était élevé, on épluchait les tickets de caisse. Il y avait parfois quelque démarche à faire, quelque papier à fournir. Elle s'occupait, en temps et en heure, de tout ce qui était important. Quand elles avaient un problème, les intervenantes allaient sonner à sa porte. Elle avait un œil sur tout. Elle veillait sur notre mère.

Nos séjours à Saint-Jean restaient une terrible épreuve. Nous arrivions en fin d'après-midi. L'angoisse me saisissait dès que nous sortions de l'autoroute. Elle nous attendait, nous accueillait même avec ces mots : « je suis bien contente de vous voir, mes enfants ! ».

Hélas ! je ne pouvais pas en dire autant ! Je me contentais d'un « bonjour maman » et de l'embrasser vite fait. Je m'asseyais cinq minutes en face d'elle, mais je ne tenais pas en place et rapidement, j'allais faire le nouvel état des lieux de la maison. Puis je préparais le dîner et nous nous retrouvions tous les trois autour de la table. Les repas étaient les seuls moments où elle et moi étions dans un espace rapproché. Je répondais à certaines de ses questions, je m'efforçais de lui en poser quelques-unes, mais souvent, elle démarrait sur ses souvenirs d'enfance et à ce moment-là, je me sentais moins en danger : elle se racontait, elle petite, et elle m'oubliait.

Ensuite, Marius et moi allions faire la vaisselle. Elle retournait au salon et prenait un journal ou un livre. Elle n'allumait jamais la télévision. Ce n'était pas entré dans sa culture, contrairement à mon père qui enregistrait beaucoup d'émissions sur des cassettes vidéo. Elle nous proposait de regarder un film, si nous le souhaitions, ce qui arrivait très rarement. J'allais m'installer dans le bureau et je me mettais au travail. J'examinais le compte à découvert ; en treize ans, les économies de mon père avaient fondu ; on avait clôturé les livrets sur lesquels il ne restait plus rien. Désormais, la Caisse d'Épargne, c'étaient les enfants.

Je n'avais qu'une dette envers elle, envers eux, c'était la dette de la vie. Mais quelle dette ! Ô dette ! Odette. La dette existentielle d'un enfant à ses parents était exhibée, nommée en permanence à travers mon prénom, gravée dans mon identité. En réalité, c'était bien plus que la dette de la vie, c'était la dette que mon père avait vis-à-vis du séminaire, vis-à-vis de l'Église, vis-à-vis de Dieu.

J'examinais le relevé de compte. Le poste de Frances coûtait cher. Ma mère la faisait venir n'importe quand. Je continuais à pester contre le gaspillage. J'avais passé toutes les factures en prélèvement, car elle ne s'intéressait plus à ce genre de courrier que je retrouvais égaré dans des catalogues Damart et autres publicités.

Il arrivait parfois des choses étranges. Un document, un papier important à envoyer, n'était plus à sa place. Plusieurs personnes avaient cherché dans tous les tiroirs, sous son regard placide. Ma première démarche le lendemain de notre arrivée serait donc de me déplacer pour en obtenir un nouveau. Mais quand j'ouvris le bureau pour chercher autre chose, il était de retour, sur le dessus de la pile.

Nous faisions les courses. Je cuisinais. Cela m'apaisait. Je cuisinais donc pour trois et je lui demandais ce qu'elle souhaitait manger. Je lui préparais des plats qu'elle aimait. La nourriture avait une fonction de tiers entre nous. Je cuisinais sans arrière-pensées. C'était l'occasion d'inviter Françoise et Arlette.

Il fut un temps où elle arrivait avec son déambulateur pour m'aider. Pendant des années, cela aurait pu se faire, on aurait pu éplucher les légumes l'une à côté de l'autre dans la cuisine ou la salle à manger, c'était une demande tout à fait naturelle de sa part, mais un tel rapprochement m'était insupportable. À cause de sa voix et de son regard qui me défaisaient.

À chaque séjour je faisais l'inventaire des produits ménagers et des denrées de base non périssables pour que la maison tourne au mieux pendant notre absence, pour soulager Françoise et Frances. C'était une façon de m'occuper d'elle, je voulais qu'elle ne manque de rien et que son entourage ne se retrouve pas dans l'embarras. Il fallait faire l'inventaire de tout, des garnitures de jour et de nuit pour son incontinence, vérifier dans la cuve le niveau du fuel pour son chauffage. Appeler le plombier, quelquefois en urgence avant notre départ. Gérer les imprévus de dernière minute. Marius arrivait avec sa boîte d'outils, il y avait toujours quelque chose à réparer. J'essayais de faire un peu de tri dans la maison. Les armoires, les commodes, les placards débordaient de vêtements, de linge et de tissus. Des brochures au contenu religieux, des bleues, des roses, des vertes, des feuilles de prières s'entassaient, comprimées dans les tiroirs des tables de nuit.

Seul le bureau de mon père était bien rangé. Les dossiers que j'y retrouvais retraçaient son parcours professionnel, les différentes étapes de la construction et de l'aménagement de la maison, les actes notariés. Tous les documents importants se trouvaient là. Je regardais tout cela attentivement ; c'était un morceau de mon histoire. Toute la vie de mes parents émanait de chaque pièce, par strates, année après année.

Il y avait toujours quelque chose à faire. En faisant, en anticipant ce qui pouvait arriver, en pourvoyant à tout, je tentais de m'assurer la tranquillité, improbable, de mes temps d'absence et d'éloignement.

Notre relation avec Françoise avait évolué. La dépendance progressive de ma mère nous avait rapprochés. Nos retrouvailles finirent par être quotidiennes, chez elle, en fin de soirée. Elle est devenue notre amie. Au début, elle me trouvait froide avec ma mère. Elle me dit souvent que j'ai changé, que je suis beaucoup plus douce avec elle.

Je sais bien qu'en mon for intérieur je n'ai aucune mansuétude, mais je n'aimerais pas être à sa place, dans un tel état de dépendance. Je n'aimerais pas que quelqu'un vienne faire ma toilette et m'installe des garnitures, alors, je m'efforce d'être aimable et je n'y arrive pas vraiment, mais Françoise doit sans doute percevoir mes efforts. Et puis elle a découvert sa voisine qu'elle a longtemps trouvée admirable, elle a décelé ses petits mensonges et sa grande vanité. Elle connaît chacun d'entre nous qu'elle a hébergé un jour ou l'autre lorsque la maison d'en face était pleine ! et elle participe à tous nos événements familiaux.

Je rentre toujours épuisée et déprimée de nos séjours à Saint-Jean, alors que pour Vincent, ces passages sont plus de l'ordre de la corvée. La proximité de notre mère ne le démonte pas. Il a été moins que moi un objet de curiosité et d'intérêt. Il a connu des fouilles moins profondes, car elle se passionnait pour le féminin. Il se situait à une distance plus confortable et il pouvait compter sur la bienveillance de notre père pour lequel il ne représentait aucun danger, contrairement à moi.

Je me sentis enfin en accord avec moi-même le jour où j'acceptai l'idée que je ne pouvais pas aimer ma mère. À vouloir l'aimer à tout prix, je m'étais torturée.

Dès que la nuit tombait, elle commençait à s'animer. L'intervenante du soir se contentait de lui enlever ses bas de contention, de la mettre en chemise de nuit et de veiller à son dîner.

Au début de l'été 2018, on nous informa que ma mère faisait des malaises, elle se laissait choir et comme elle était lourde, depuis quelques jours, on lui faisait sa toilette au lit. Elle ne mangeait plus seule et buvait très peu.

Elle souffrait de déshydratation, son médecin décida sans nous en parler de mettre en place une hospitalisation à domicile nécessitant une présence permanente, nous plaçant mon frère, Marius et moi devant le fait accompli. Elle répétait qu'elle voulait vivre et mourir chez elle et que nous, ses enfants, nous devions rester à ses côtés ou bien trouver une personne qui s'installerait à demeure dans sa maison. Nous nous sentions pris dans un piège.

Son médecin venait la voir une fois par semaine. Il essayait de la convaincre d'aller en maison de retraite. Les consultations étaient des joutes verbales lors desquelles ma mère se donnait le beau rôle. Elle lui dit un jour qu'elle l'accueillerait quand il arriverait au paradis ! Elle se prenait pour Dieu et ne lâchait rien !

Nous avions, Vincent et moi, monté un dossier d'admission en EHPAD et nous alternions les séjours auprès d'elle. Frances qui ne supportait plus ses humeurs avait donné son congé. L'idée d'être enchaînée à ma mère devenait insoutenable, car je n'en voyais pas l'issue. Son comportement était déroutant : toute faible qu'elle soit, elle avait ses exigences et ses caprices. Un dimanche après-midi, elle dit à mon frère : « va vite chercher un prêtre, je veux recevoir le sacrement des malades ». Il courut au presbytère et après une brève conversation, l'homme de Dieu lui dit qu'il viendrait le lendemain. Notre mère, très contrariée par cette réponse, mit son masque de mourante et un filet de voix sortit de sa gorge : « demain, il sera trop tard… ». Vincent repartit bien vite au presbytère et revint avec le prêtre cette fois. Tous les trois s'enfermèrent au salon pour prier, car elle avait exigé de son fils qu'il reste à ses côtés. Au bout d'un certain temps, elle se sentit beaucoup mieux. L'homme de Dieu prit congé en disant qu'il pensait que ce n'était pas pour demain. Elle sortit sur la terrasse avec son déambulateur et commença à déclamer La chatte, un poème de Victor Hugo.

Un climat hostile plombait la maison. Elle avait un visage fermé. Elle disait que Marco lui avait promis qu'elle resterait toujours chez elle. Assise dans son fauteuil, elle scandait Mar-co, Mar-co, Mar-co !, elle n'avait jamais autant parlé de lui depuis qu'il était mort. Elle refusait de venir à table et elle avait souvent des propos acerbes. Nous ne voulions pas lui sacrifier notre vie en restant auprès d'elle. Et nous n'avions pas les moyens de lui offrir la présence permanente de personnes à domicile.

Nous étions en guerre l'une contre l'autre. J'éprouvais une immense révolte, mais je me sentais coupable. Je voulais me débarrasser de ma mère et la mettre dans un endroit sinistre où personne n'avait jamais envie d'aller. J'étais depuis toujours une mauvaise fille. J'avais des idées très sombres, je n'en pouvais plus. Les jours se succédaient, tous semblables. Sans issue.

Je me suis rendue à la mairie, à Cap Senior, pour demander de l'aide. Peu après, la gériatre coordinatrice des EHPAD m'appela pour me dire qu'elle faisait hospitaliser ma mère, deux jours plus tard, pour un bilan de sa dépendance. Cette annonce desserra l'étau dans lequel j'étais, mais provoqua une tempête. Qu'irait-elle faire à l'hôpital ? Alors qu'elle était bien chez elle. Les enfants étaient là pour s'occuper des parents. Elle pleurait de rage, mais refusait de parler. « Je préfère garder les choses pour moi », répondait-elle.

Nous étions juste un instrument nécessaire à la poursuite de son existence entre ses quatre murs. Accepter l'idée de partir eût été un renoncement et ce mouvement intérieur lui était étranger. Dans un conflit, c'étaient toujours les autres qui cédaient.

Nous avions invité Arlette à déjeuner. Ma mère décida de se mettre à table avec nous. Une fois installée, elle nous lança de façon sarcastique : « Maintenant que vous serez débarrassés de la vieille, vous allez pouvoir faire la fête ! »

La flèche m'atteignit en plein cœur. Je lui répondis en criant : « Maman, une fois, une seule fois dans ta vie, essaie de te mettre à la place de tes enfants ! » L'affrontement fut bref, car elle se referma dans un silence ulcéré.

J'étais la mauvaise fille, la fille terrible. J'étais accablée de chagrin, d'injustice et de culpabilité. J'étais déchirée, je me sentais mise en pièces, c'était ma curée…

Je n'étais pas fière de l'emmener à l'hôpital. Elle pleurait. J'ai senti la réticence du médecin qui nous a reçues. Elle avait un air digne et offensé et lui dit qu'elle n'avait aucune raison d'être là, à l'hôpital, qu'elle voulait rentrer chez elle au plus tôt et qu'elle refusait absolument de quitter sa maison : elle voulait y mourir. Ses propos étaient cohérents et catégoriques. N'ayant pas de lettre de la gériatre, je redoutais de devoir la ramener avec nous, mais l'infirmière et l'aide-soignante vinrent s'occuper d'elle. L'hospitalisation était entérinée.

Nous nous sentions libérés. Temporairement. Mais ce soir-là et les jours suivants, nous pouvions enfin respirer dans cette maison où tout avait été centré sur elle. Nous nous sentions plus légers. Avec Françoise, nous avons trinqué à ce petit morceau de liberté retrouvée.

Nous n'avions aucune envie de faire la fête. Nous aurions été soulagés qu'elle accepte de quitter sa maison en raison de son grand âge et de sa dépendance, mais c'était une guerrière qui ne raisonnait qu'en termes de triomphe, de conquête et de gloire ou bien de capitulation et de défaite.

Elle a séduit les soignantes par ses réparties, ses commentaires, son intérêt pour la vie de leur famille et aussi par sa bonne volonté : elle voulait montrer qu'elle était autonome. Elle prenait correctement ses repas et avec son déambulateur faisait quelques pas dans le couloir.

Sa chambre se trouvait tout au bout, un peu sur la droite. Quand j'arrivais, j'apercevais d'abord ses pieds dans l'embrasure de la porte toujours ouverte : elle était allongée sur son lit et avait gardé ses chaussures, prête à partir. Je m'asseyais sur le fauteuil à côté de son lit. Elle partageait la chambre avec une autre patiente, complètement sourde. Elle était très en colère, répétait qu'elle n'était pas malade, le médecin du service ne comprenait pas non plus ce qu'elle faisait là, disait-elle. C'était une dépense inadmissible pour la sécurité sociale. Un tel prix de journée ! Et elle prenait la place de quelqu'un qui aurait vraiment besoin d'un lit d'hôpital ! mais elle ! Un bilan de sa dépendance ? Mais qu'est-ce que ça voulait dire ? Frances s'occuperait d'elle.

Je lui rappelai que Frances avait arrêté de venir travailler chez elle.

— Ah bon ? Mais elle a besoin d'argent ! Elle va revenir !

— Non, elle est âgée et fatiguée.

— Elle va tout de même venir me voir à l'hôpital ?

— Pas dans l'immédiat en tout cas.

— Alors, il me faudra quelqu'un d'autre pour s'occuper de moi, faire mes courses et le reste.

— Tu pourrais avoir un portage de repas.

— Chouette ! s'écria-t-elle d'un ton sarcastique.

Trois ans plus tôt, dans les suites de sa fracture du col du fémur, nous avions essayé de mettre en place un dispositif de portage de repas qu'elle avait boycotté au bout de quelques jours. C'est alors que nous avions demandé à Frances de faire les courses et de s'occuper du déjeuner.

Elle n'en démordait pas. C'était aux enfants de prendre en charge les parents et elle voulait mourir chez elle. Si Marco était encore là, cela ne se passerait pas comme ça !

— Que ferait-il ?

— Il paierait quelqu'un, voyons !

Le ton était ulcéré. Elle me tourna le dos, alors je m'en fus.

J'allais la voir chaque jour et mes visites se déroulaient sur le même mode. Heureusement que sa voisine de chambre était sourde ! Elle était très étonnée que Marius ne m'accompagne pas. J'essayais d'aborder la situation, mais je me heurtais immédiatement à l'offense subie.

J'avais informé ses connaissances qu'elle était hospitalisée. Que pouvaient-ils bien penser de moi, tous ces paroissiens ? Elle me présentait comme une enfant terrible, rebelle, mais qui aimait sa mère. Tous avaient pris la mesure de nos difficultés, mais personne, vraiment personne dans son entourage, ne pouvait savoir ce que je ressentais, à part Françoise, à qui j'avais fini par me confier.

Marius est venu avec moi ce jour-là. Tandis que je reprenais ma place habituelle sur le fauteuil, il s'est assis en face et a pu observer son air outragé. Elle tenait toujours les mêmes propos. Ah si Marco vivait encore ! mais quand elle était allée le voir à la clinique, il avait bien dit qu'il allait mourir et qu'il ne verrait pas ses cent ans !

Marius ne l'a pas ratée :

— C'est *vous* qui avez dit que vous seriez la première à fêter vos cent ans ! *c'est vous !*

— Certainement pas ! répondit-elle d'un air offusqué.

— *C'est vous !* mais vous ne voulez pas le reconnaître, car vous avez honte !

— Pensez ce que vous voulez !

Et soudain, il vit l'expression offensée s'évanouir dans un grand sourire : elle venait d'apercevoir Jean-Pierre dans l'embrasure de la porte. Jean-Pierre qui l'avait poussée à Lourdes dans son fauteuil roulant et lui rendait régulièrement visite.

Le lendemain, elle devait rencontrer la gériatre.

— Pourquoi me garde-t-on là ? se plaignit-elle quand j'arrivai en fin d'après-midi.

— Ce matin, une femme, un médecin, est venue te voir…

— Je n'ai vu personne !

— Et nous allons la rencontrer à notre tour. De toute façon, cela ne te fait pas de mal d'être là, tu te requinques, tu as repris des forces. Elle va nous aider à trouver une solution pour la suite.

— Compte là-dessus et bois de l'eau ! répondit-elle d'une voix acerbe.

C'est vrai qu'elle avait repris du poil de la bête et retrouvé toute sa superbe. Les soignantes avaient beaucoup d'égards pour elle. Elles semblaient impressionnées par sa volonté et sa tenue qui la distinguaient des autres patients de ce service de gériatrie.

Nous avons été reçus par la gériatre, une femme en fin de quarantaine, accompagnée d'une assistante sociale, toute jeune. Nous avons perçu une écoute très bienveillante. La gériatre confirma le refus véhément de notre mère d'aller en maison de retraite, mais elle avait encore assez de discernement pour demeurer chez elle et les aides allaient être renforcées.

Elle pouvait vivre sans que nous soyons à ses côtés.

Et en cas de problème, elle devrait utiliser sa téléalarme.

Une fois que l'on eut fait le tour de toutes ces questions, nous sommes montés dans le service de gériatrie. Ma mère, guidée par une soignante, est arrivée en poussant son déambulateur. J'ai été saisie par l'expression de son visage, une expression nouvelle pour moi.

Je connaissais son air pincé, contrarié, fermé, buté, ulcéré, offensé, son air boudeur. On disait alors entre nous qu'elle « faisait son museau » ou qu'on « avait eu le museau ».

Je connaissais son air hautain, suffisant, supérieur, son air « qui n'en pense pas moins ».

Je connaissais ses larmes de rage sur son visage et sa bouche qui expulsait des mots assassins.

Mais je ne l'avais jamais vue ainsi. Jamais. Elle baissait la tête et se sentait humiliée. Voilà : ma mère se sentait humiliée.

Et la gériatre s'est adressée à elle : il n'était plus question de maison de retraite. Elle pourrait rester chez elle : les aides dont elle bénéficiait déjà allaient être augmentées afin de permettre aux enfants de rentrer chez eux. Quant à avoir quelqu'un à demeure, ce n'était financièrement pas envisageable. Il y aurait un portage de repas et une auxiliaire de vie qui veillerait à ce qu'elle mange correctement et boive suffisamment.

Ma mère ne baissait plus la tête, mais son expression était complètement fermée. Certes, elle restait chez elle, mais elle n'aimait pas ce qu'elle venait d'entendre : des professionnels allaient remplacer les enfants. Et surtout, ce qu'elle n'encaissait pas, c'est que nous ayons fait appel à un *tiers*.

Elle sortirait quelques jours plus tard : le temps de mettre en place le nouvel aménagement, les services à la personne ayant été suspendus depuis le début de son hospitalisation. Il fallait tout revoir et repenser.

Corinne accepta de revenir s'occuper d'elle. Elle était exaspérée en même temps que fascinée par cette femme très âgée qui prenait des airs de reine, cela devait la changer de la résignation et de l'apathie qu'elle trouvait chez d'autres personnes dépendantes et handicapées. Elle reprit en main la maison, les lessives et le ménage.

Les intervenantes, mal payées, peu reconnues, devaient effectuer leur tâche en un temps record. J'ai scotché des affichettes un peu partout avec informations et consignes, mais les nouvelles, stressées, n'avaient pas toujours l'idée de les lire. Et ma mère se gardait bien de leur donner la moindre information.

J'ai acheté un four à micro-ondes. Elle n'en voulait pas, elle utiliserait la gazinière comme elle l'avait toujours fait jusqu'à présent ! elle n'avait besoin de personne pour ses repas ! elle allait jeter le four à micro-ondes ou le donner aux Restos du Cœur ! Il fut installé dans l'arrière-cuisine et on ferma à clé la porte qui donnait sur la cuisine. Et la clé fut cachée dans un petit pot discret et hors d'atteinte. Elle était hors d'elle, car on entravait sa liberté. Tard ce soir-là, elle se mit à chercher un double dans la boîte à clés fixée au mur. Elle les essaya toutes, mais aucune ne marchait. Alors de rage, elle a arraché la boîte qui est tombée avec fracas.

Nous devions tout organiser, ne rien laisser dans le flou en sachant que, quoi qu'on fasse, l'imprévu, l'imprévisible, ne manquerait pas de survenir. Le Conseil Départemental augmenta son aide financière après une nouvelle évaluation de sa dépendance. Tout finit par se mettre en place.

Mais notre mère restait en colère, une colère rentrée qui s'exprimait à travers des piques acerbes qu'elle décochait par moment. Elle ne nous pardonnait pas, elle ne me pardonnait pas. Avec la gériatre, nous avions négocié un traité, mais les termes ne lui convenaient pas. Elle le vivait comme une défaite.

« Je préfère garder les choses pour moi », continuait-elle à dire à ceux qui essayaient de savoir ce qu'elle pensait et ressentait. Il n'était pas question de vider le pot des griefs. Plus que jamais, ma mère m'en voulait.

Alors, j'ai pris la décision de lui écrire la lettre que je gardais en moi depuis si longtemps. C'était le moment ou jamais. Je n'ai pas mis beaucoup de temps à la rédiger, les mots coulaient de source.

Maman

La situation que nous vivons actuellement est pénible pour nous tous.

Après ton épisode de déshydratation, tu es devenue très dépendante. Nous avons cherché des solutions privilégiant ta sécurité, finalement, tu retournes à ton domicile avec une augmentation des aides. J'espère que cela fonctionnera, sachant bien que tu aurais voulu que nous soyons là à demeure ou à défaut, que nous payions pour la présence de quelqu'un des sommes largement au-dessus de nos moyens.

Alors, comme le conflit est ouvert, je vais enfin pouvoir te dire certaines choses :

Combien tu m'as fait souffrir quand j'étais enfant et adolescente : nous avons été élevés dans la culpabilité.

Combien de fois m'as-tu menacée des flammes et de l'éternité de l'Enfer si je ne t'obéissais pas ou bien plus grave, m'accusant de choses que je n'avais pas commises. Étant toute petite, j'étais loin de pouvoir faire la part des choses. Comment l'aurais-je pu ? Quand j'entendais de toute part que j'avais une maman merveilleuse, cette maman merveilleuse qui se plaignait sans arrêt que j'étais une enfant terrible. Comment se construire avec ça ?

Vous avez déploré qu'on s'éloigne de la religion ? Mais vous nous avez vaccinés contre la religion ! Ce n'est pas moi qui en ai détourné mes frères comme cela a été dit, je n'ai jamais cherché à avoir de l'influence sur eux.

Je n'ai jamais pu échanger avec toi, maman, pour l'échange, il faut être deux et il n'y a que toi qui existes. Tu ne te mets jamais à la place des autres, tu ne lâches jamais rien. Tu as une très haute estime de toi-même et tu détiens la Vérité.

Alors, que faire avec une mère pareille ?

Tu es une très bonne grand-mère.

Tu as été, dans l'ensemble, une bonne épouse pour papa.

Tu as eu une enfance heureuse, tu nous l'as toujours dit. Tu étais la petite reine de ton père.

Toi et moi, nous sommes à l'opposé l'une de l'autre dans nos façons d'être.

Je suis beaucoup plus proche de papa : vraie, exigeante avec moi-même et cherchant une solution aux conflits quand ils se présentent, mais certes, je n'ai pas ses obsessions religieuses.

Mais je suis aussi têtue que toi, heureusement, car cela m'a permis de vivre et de me battre.

Alors maintenant, avec tes exigences et tes caprices, je n'ai pas envie que tu pourrisses ma vieillesse.

Je veux pouvoir m'occuper de mes petits-enfants comme tu le faisais quand tu avais mon âge.

J'en ai assez de voir ton masque d'insatisfaite et d'offensée dès que tu es contrariée.

La situation actuelle n'est pas sans m'évoquer l'ambiance que tu as fait régner sur nous quand en 1959 papa a trouvé un poste dans la région parisienne, tu ne voulais pas y aller et pendant des mois, ce fut horrible pour nous.

Je doute que cette lettre aboutisse à l'ouverture d'un dialogue entre nous, mais c'était essentiel pour moi de te dire ce que je viens de te dire.

Même si je n'oublie rien, je ne te souhaite aucun mal et j'espère que tu pourras profiter du retour dans ta maison en prenant soin de ne pas te mettre en danger.

Ta fille Odette

J'ai jeté ma lettre dans la boîte postale après une milliseconde d'hésitation. J'avais osé ! je n'allais pas la revoir avant le mois de novembre.

J'en avais adressé une copie à Françoise, sa voisine. Quand elle vint ce soir-là, elle la trouva comme toujours assise dans son fauteuil du salon, la lettre posée sur la petite table à roulettes dans un désordre ordinaire de revues et de papiers entassés les uns sur les autres. Ma mère lui demanda, d'un air qui trahissait une certaine stupéfaction, de lire la lettre et Françoise refusa, lui disant que cela ne la regardait pas, que c'était à traiter entre elle et moi. Elle la laissa donc seule avec cet embarrassant et surprenant courrier. Décidément, ce devait être pour elle la saison de la consternation et des mauvaises surprises ! Pendant plusieurs jours, la même demande fut faite et le refus réitéré, ma mère finit par dire : « C'est ainsi » et n'en parla plus. La lettre traîna un certain temps sur la petite table puis disparut.

Il y avait l'échéance cruciale du Centenaire à la fin de l'année. Les paroles proférées au chevet de son fils mourant résonnaient souvent dans ma tête.

Pour un tel événement, il fallait sortir de la famille proche. Ne pouvant me soustraire complètement à l'organisation de cette fête, j'avais lancé un appel à ses petits-enfants. Je décidai de gérer juste les invitations extérieures, car ceux-ci ne connaissaient pas les enfants des amies de jeunesse de leur grand-mère. La quatrième génération s'était étoffée. Petits-enfants et arrière-petits-enfants, tous seraient présents, à part une petite-fille qui viendrait un peu plus tard.

Catherine, la compagne de mon frère, Marie et Olivia, les belle-fille et ex-belle-fille, ont décliné l'invitation.

Les festivités du Centenaire se sont ouvertes le dimanche vingt-trois décembre avec le repas d'anniversaire dans le restaurant où nos parents avaient fêté leurs noces d'or vingt-deux ans plus tôt. Les tables étaient recouvertes de gerbes de fleurs et de nombreux bouquets. La disposition de la salle rendait possible une certaine autonomie des convives. Nous étions une quarantaine, répartis selon un plan de table tenant compte des affinités et des incompatibilités. J'étais éloignée de ma mère placée à une longue table rectangulaire. À ses côtés se trouvaient Arlette, sa filleule Marie-Madeleine et son mari, son neveu Laurent et sa femme et certains de ses petits-enfants. J'étais parmi les autres, j'aurais dû en tant que fille, aller faire le tour des tables pour échanger quelques mots avec ceux que je n'avais pas vus depuis longtemps. J'en étais incapable !

Tous étaient heureux d'être là et de célébrer ce centième anniversaire : l'atmosphère était légère, animée et chaleureuse. Vincent se leva pour rendre hommage, en notre nom, à toutes les personnes présentes et absentes, qui prenaient soin de notre mère.

Dans son très beau texte, avec les mots justes, il remerciait chacun personnellement, et termina son propos en souhaitant un bon appétit à tous les convives qu'il remerciait d'être là, autour de notre maman. Et au milieu du repas, celle-ci lut son discours qu'elle préparait depuis des semaines, discours qu'elle avait intitulé :

« ***100 ans*** ».

Elle relatait son histoire : le contexte de sa naissance, juste après la fin de la Première Guerre mondiale. Elle évoquait des parents qui s'adoraient, ce qui leur rendait la vie heureuse, à elle et son frère. Puis sa scolarité dans une école chrétienne qui se trouvait près de la maison, à une époque où le gouvernement très laïque refusait l'enseignement chrétien. Elle rappelait les grosses disputes entre l'école libre et l'école laïque. Il n'y avait d'ailleurs qu'une seule fille à cette école contre trente-deux à l'école chrétienne où l'enseignement était très bien donné par des religieuses de Bordeaux.

Après l'obtention du certificat, les religieuses, ses enseignantes, vinrent plusieurs fois dire à ses parents qu'il fallait la pousser aux études. Elle aurait aimé pouvoir le faire, mais elle a refusé, car il fallait partir à Bordeaux et ça aurait coûté trop cher. Elle est devenue couturière à son compte, à la maison après un apprentissage qui a duré deux ans. Et à la même époque, après sa rencontre avec l'abbé C., elle s'est engagée dans la JACF, mouvement dans lequel elle eut rapidement de grandes responsabilités.

Voilà ce qu'elle disait de sa vie au Gué où elle demeura jusqu'à son mariage.

Ensuite, elle évoquait la rencontre avec mon père, à vingt-sept ans, et leur mariage, célébré par l'évêque et ses vicaires généraux, le douze septembre 1946. Sa grand-mère paternelle, cuisinière hors pair, très connue des familles bourgeoises de La Rochelle, fit le repas pour les quatre-vingts convives.

Sa vie avec Paul fut heureuse. C'était un homme très doux, très agréable, il lui fallut de la patience pour s'adapter à son caractère.

Alors que mon père était un père dur, cassant.

Elle avait arrêté son métier pour s'occuper des trois enfants : elle citait nos prénoms et nos années de naissance. Ensuite, ils avaient choisi pour nous les écoles et les Facultés chrétiennes.

Alors que nous avions fait nos études supérieures dans les Facultés et Écoles de la République, à l'exception de ma première année à Paris où j'avais dû m'inscrire à l'Institut Catholique avant de pouvoir intégrer la Sorbonne l'année suivante.

Quand ma mère altérait la vérité, il y avait toujours un petit élément de réalité.

Elle disait que j'avais voulu devenir médecin, François, enseignant et Dominique chimiste.

Mes études puis mon travail de psychologue n'étaient pas mentionnés.

De la carrière de son mari, elle ne parlait que de la période de Saint-Brieuc, sans doute celle qu'elle avait préférée et passait directement au retour à Saint-Jean au moment de la retraite.

Elle poursuivait l'histoire en évoquant l'existence des huit petits-enfants venus réjouir leur foyer, puis l'arrivée de ses quatre arrière-petits-enfants.

Elle citait, sans les nommer, les deux « que nous avions aimés », partis pour ne plus revenir, son mari et son fils.

« Vous connaissez déjà tout ça et la suite… »

Ainsi se terminait la première partie du discours : l'histoire de sa vie de fille, de femme, de mère, de grand-mère et d'arrière-grand-mère. Ensuite, elle exposa ses réflexions :

« 100 ans, c'est un bail, dira-t-on. Cependant, si on réfléchit et qu'on regarde en arrière, que de fois ne dit-on pas : "Ah ! si j'avais su…" »

Puis venait un paragraphe sur le bonheur,

« lorsque nous nous retrouvons tous ensemble… les affectueux baisers de nos grands et nos petits réjouissent mon vieux cœur ».

Le paragraphe suivant parlait d'amour,

« Oui, le bonheur, c'est aimer et dès la naissance, se savoir aimé ».

Oui, dès la naissance, elle avait été adorée par son père. Chance à elle !

« il y a des passages très douloureux quand nous perdons notre enfant, ces instants se confondent avec le temps et la vie reprend ».

Oui, la vie avait repris de plus belle ! elle se trouvait bien la première à fêter ses cent ans !

Elle évoquait le premier sourire de l'enfant qui vient de naître. « Mais aimer l'adolescent n'est pas si facile qu'on croit ! »

Enfin une phrase vraie ! l'adolescent n'est pas aimable ! Je n'avais pas encore neuf ans quand elle se mit à me dire que j'étais entrée dans l'âge ingrat.

Étaient ensuite convoqués tous les aspects de l'amour dans sa version chrétienne : le sacrifice, l'amour du travail, l'oubli de soi, l'amour des pauvres.

« Aimer, c'était aussi respecter la vie des grands-parents qui attendaient l'affection de leurs petits-enfants ».

Elle ne parle pas de ses enfants.

« Aimer dans la vieillesse, c'est être à l'écoute et tolérant ».

Elle se voyait sans doute ainsi !

Elle terminait avec un peu de poésie, avec des phrases que l'on trouve en bas de belles images qui se veulent contemplatives. Comme il y en a tant chez elle. Enfin, elle donna le mot de la fin :

« *Je voulais vous dire que je suis heureuse d'être avec vous aujourd'hui : ma vie heureuse continuera grâce à votre présence. Je vous souhaite le même bonheur.* »

La fin du discours fut suivie d'une salve d'applaudissements.

Quand ma mère regrettait qu'une chose soit arrivée, elle disait toujours : « ah ! si j'avais su ! » Cela voulait dire « ah ! si j'avais su, j'aurais agi autrement… » Elle utilisait régulièrement cette expression pour des situations dans l'émergence desquelles elle pensait avoir sa part de responsabilités. Elle n'avait peut-être pas avancé le bon pion. Elle n'avait peut-être pas eu la clairvoyance qu'il aurait fallu.

Le « si j'avais su… » du discours était une phrase vraie. S'ils avaient su, ils ne m'auraient pas envoyée faire mes études à Paris, ils ne m'auraient pas lâchée, ils auraient pu ne pas me lâcher puisque je n'avais que dix-huit ans ! Mais j'étais inscrite à la Catho de Paris, c'était quand même plus sûr que la Faculté de Rennes. Mais s'ils avaient su qu'il y aurait les événements de mai 68 !

Ce regret est écrit noir sur blanc par mon père à la fin du récit de sa vie. Il s'en veut profondément de n'avoir pas vu venir les choses, alors que ma mère regrettait juste d'avoir mal manœuvré.

Son discours aurait été différent si elle n'avait pas reçu ma lettre. Elle aurait trouvé de jolies métaphores pour parler de ses enfants comme celle du jardinier, déployée dans son récit pour leurs noces d'or, le jardinier qu'elle disait égratigné par les roses de son jardin. Ma lettre avait déclenché un cyclone et ravagé le travail du jardinier. Ses jolies phrases, elle les avait placées après, dans des considérations générales sur l'amour et le bonheur, quand il n'était plus question de ses enfants.

J'avais osé lui écrire ma lettre et j'en étais soulagée. Je l'avais envoyée au bon moment : la teneur de son discours m'enseignait qu'elle était encore capable, non pas de comprendre ni d'admettre quoi que ce soit, mais de voir que j'avais beaucoup de ressentiment à son égard, du ressentiment, car ma douleur n'existait pas pour elle, ma douleur n'avait jamais existé, seuls ses états d'âme avaient droit de cité. Elle était atteinte par mon ressentiment.

Il y eut beaucoup de petits mots gentils. Laurent avait écrit un texte sur l'air d'une chanson de Françoise Hardy, qu'il interpréta en s'accompagnant de sa guitare. À travers des paroles très sensibles, il rendait un bel hommage à sa tante.

La particularité de cette assemblée était qu'un certain nombre d'invités ne s'étaient jamais vus. Mes frères et moi, nous nous étions éloignés des rituels familiaux de l'enfance, trop souvent lourds de tensions et de conflits et nous les avions remplacés par des fêtes païennes que nous célébrions entre nous. Seuls Vincent et moi connaissions les enfants des amies de jeunesse de notre mère pour avoir assisté au mariage de l'une, à la communion de l'autre ou tenu un bébé sur les fonts baptismaux.

Le soir de ce vingt-trois décembre, je me dis que ce moment crucial, tant redouté, était derrière moi. La suite serait comme un Noël ordinaire à Saint-Jean. Ce furent Yann et sa femme qui organisèrent le réveillon dans une magie de couleurs, de lumières et de plats savoureux. Ma mère était néc la nuit de Noël et comme chaque fois nous avons défilé pour fêter son anniversaire, chacun avec son cadeau.

Le jour de Noël, elle fut conduite en grande pompe à l'église où la messe était dite pour elle : elle se retrouva en fauteuil roulant, tout devant, face à l'autel. C'était l'héroïne de l'assemblée de fidèles. Elle était accompagnée par certains de ses petits-enfants, congratulée ensuite par les uns et les autres avant d'être installée dans une voiture pour aller à Plassay où Arlette nous attendait tous pour le repas du midi.

Le lendemain soir, j'avais organisé un apéro dînatoire pour les personnes qui n'avaient pas été conviées au restaurant, celles qui lui rendaient régulièrement visite. J'avais à cœur de bien les accueillir. J'avais de l'estime pour elles. Durant la crise qui nous avait agités tout l'été, je ne m'étais pas sentie jugée, j'avais même eu l'impression qu'on découvrait, avec un certain étonnement, la personne que j'étais…

Katell, qui n'avait pas pu se déplacer, avait fait un album pour sa grand-mère. Deux pages étaient attribuées à chacun d'entre nous. Sur celle de gauche se trouvaient des photos, celle de droite était blanche, destinée à recevoir quelques phrases adressées à la mère, la mamie ou la grand-mamie, à l'amie ou la voisine…

À l'endroit qui m'était réservé se trouvaient deux photos. La première était une jolie photo prise sur fond de mer en contrebas, pendant nos vacances au Pays basque, l'été de mes huit ans. Nous sommes debout, ma mère et moi, devant une balustrade de pierre, le petit Vincent, en slip de bain entre nous. Je porte une robe rouge en toile, une très jolie robe qu'elle m'avait faite, elle porte une robe blanche. La photo est prise par mon père. Tous les trois, nous avons l'air pensif, un peu lointain. Je me souviens de cette route que nous prenions pour aller à la plage. Je me souviens du harcèlement maternel quotidien de cet été-là.

La seconde photo est une photo du repas de ma communion. Je suis assise en bout de table et encadrée par tous les invités qui se tiennent debout. J'ai un air infiniment triste. Elle a été prise à la fin du repas puisque la table était débarrassée, seuls restaient quelques verres. Sur la photo, certains sont sérieux, d'autres souriants. Je suis la seule à avoir l'air triste, assise à côté d'un petit voisin qui semble bouder. Nous nous étions disputés pendant le repas : après avoir dévoré son entrée, une assiette de charcuterie, il voulait aussi finir la mienne, et ma mère tout en me culpabilisant de refuser, avait fini par me forcer à lui donner ce qui restait, c'était le jour de ma communion et je devais bien me comporter… Le choix de cette seconde photo me laissa quelque peu perplexe.

La page de droite était blanche et attendait mes mots. Et le texte suivant a jailli comme un petit torrent :

Maman

Tu m'as donné la vie.

Dès le début, tu as voulu me façonner à ta manière, mais le chemin était impraticable, je n'arrêtais pas de me blesser.

Aussi, je suis entrée en Résistance.

J'ai réussi à trouver une autre voie qui me correspondait enfin.

Le plus beau cadeau que tu m'as fait, c'est la naissance de Marco.

Et moi, je t'ai donné des petits-enfants qui sont heureux de t'avoir comme grand-mère.

Je ne doute pas qu'il en ira de même pour tes arrière-petits-enfants.

En quelques mots très simples, que tous pouvaient lire, que sans doute tous liraient, j'ai campé l'histoire de ma relation à ma mère. J'ai terminé gentiment, mais l'essentiel était dit dans les premières lignes. Vincent avait recopié un poème de Maurice Carême, ce qui m'évoqua les fêtes des Mères de notre enfance. Arlette, Françoise, Rozenn et Airelle avaient écrit des petits mots chaleureux, affectueux. Ce fut tout. Et les témoignages ont sans doute trouvé d'autres voies pour s'exprimer.

Ma mère fut-elle satisfaite de la célébration de ses cent ans ? Elle était, comme toujours, dans le contrôle et la dissimulation. Certes, elle perdait bien la mémoire, mais elle tenait les rênes de son existence. Aucune de ses belles-filles n'était venue. Et puis il y avait l'album où on lirait ce que j'avais écrit. L'album qu'elle allait hésiter à montrer à ses amis pour qu'ils déposent à leur tour leur témoignage. Quand on met un mot dans un Livre d'Or, on ne manque pas de regarder ce qui a été écrit précédemment, par curiosité ou pour avoir une idée.

Ma mère a eu cent trois ans à Noël. Elle a traversé la pandémie sans avoir le moindre rhume. Elle passe toujours ses journées dans le fauteuil de son salon, mais il lui arrive de se lever, d'attraper son déambulateur et de se balader dans la maison. Sa table est toujours encombrée de papiers et de photos que lui envoient ses petites-filles, chaque mois, dans une enveloppe rouge. Le parquet autour d'elle est jonché de feuilles et de revues. C'est dans ce décor qu'elle apparaît, de profil, quand nous franchissons la porte d'entrée.

Alors qu'elle passait une grande partie de ses journées à somnoler, elle s'intéresse à la guerre en Ukraine et regarde les informations. Sa compréhension du conflit est sans doute très basique : il y a des bons et des méchants, des agresseurs et des victimes, mais elle se retrouve dans du familier. Ses nuits sont devenues beaucoup plus calmes, alors que son agitation nous empêchait de dormir. Des conversations animées, des exclamations violentes, de surprise ou d'indignation, traversaient nos deux portes comme si elle était en réunion, ou bien sa respiration devenait impressionnante comme si elle allait rendre l'âme. En ce moment, c'est l'extérieur qui nourrit son monde interne. Je n'ai jamais senti chez elle une joie de vivre sans arrière-pensées, mais toujours l'aiguillon de la combattante.

Elle somnole à cause de son grand âge, mais aussi parce qu'on n'a rien à se dire. J'ai parfois l'impression qu'à mon approche, elle ferme les yeux. Je lui adresse rarement la parole, non loin d'elle, silencieuse, je range, je fais du tri, je change l'eau des fleurs, j'arrose les plantes, je nettoie une vitre, je plie du linge.

Elle sait qu'elle ne peut pas m'attendrir. Ses pertes mnésiques ne sont pas aussi massives qu'elle le prétend. Pour tout ce qui *me* concerne, elle a gardé sa mémoire. Ma lettre n'est pas tombée dans l'oubli. Je l'ai retrouvée, par hasard, dans un de ses albums de photos. Je l'y ai laissée.

Assise dans son fauteuil, face à une porte-fenêtre, elle contemple son jardin, la pelouse bordée par les arbres. La réponse à ma question est toujours la même : « Non, je ne m'ennuie jamais. Je pense à des tas de choses… » Elle pense à des tas de choses. À son enfance heureuse, à ses parents, à la considération dont elle jouissait quand elle était responsable de la J.A.C.F. où la passion qu'elle déployait à amener les filles de son village au renoncement d'elles-mêmes était reconnue, encensée. À son mari qui partageait son idéal, à ses nombreuses amies de l'Action Catholique. Ce sont les souvenirs heureux. Ses pensées transparaissent dans ses écritures. Elle noircit des pages de son agenda comme si c'était un cahier, elle noircit le dos des enveloppes, elle noircit même le plateau de sa petite table qu'elle nettoie parfois ensuite. Elle se raconte, elle n'arrête pas de se raconter. Des cahiers sont à côté d'elle pourtant, mais elle veut montrer qu'elle est libre d'écrire comme elle le veut et où elle veut, elle est chez elle !.

Dans les années 80, elle a rédigé ses mémoires, inachevées. Elle raconte longuement sa jeunesse, puis sa rencontre avec mon père et son mariage, la naissance des enfants. Elle parle de nous quand on est petits, ensuite on ne trouve plus grand-chose nous concernant. Plus tard, elle utilisera sa plume pour raconter leurs voyages en Terre Sainte, en Égypte, en Italie… dans un style extrêmement vivant.

Je suis arrivée, possédée par un diable, venant faire un petit tour sur terre avant de rejoindre un jour l'endroit qui m'était assigné : l'Enfer. Dans sa bouche, l'Enfer, c'était une menace, c'était pour me faire peur, c'était l'expression de son rejet du moment, elle n'y croyait pas. Dans la bouche de mon père, c'était aussi pour me faire peur, mais lui y croyait. Alors, les deux ont entrepris de me dresser, comme il le disait, et le combat s'est poursuivi avec elle, il est toujours d'actualité. Il s'agit maintenant d'une guerre froide, car au fil du temps, le rapport de force a changé.

Quand j'observe ma mère, je lis ses rancœurs, son ressentiment sur son visage. Je n'y trouve pas une once de bienveillance, elle n'a jamais été tendre, jamais ! Elle pouvait être aimable, souriante, de bonne humeur et je prenais cela pour de la tendresse, mais c'était comme le chant des sirènes, l'instant d'après, j'étais soupçonnée, accusée, condamnée.

Les rôles se sont inversés : il m'arrive de la soupçonner, de l'accuser, de la condamner, mais cela reste dans mes pensées. Je m'efforce de mettre mes propres sentiments belliqueux à distance. J'essaie de ne pas m'indigner de son extrême vantardise. J'essaie de faire la part des choses, d'être juste. Mais ses mensonges, sa mythomanie me sont insupportables, car j'en ai souffert toute ma vie.

Qu'y a-t-il derrière ce talent à s'inventer et à nous inventer une vie romanesque ou tumultueuse, en fonction de son auditoire, un épisode, un détail extraordinaires pour capter sur elle l'intérêt des autres ? Mais le pire, c'est le déni. Je suis médusée par ses réactions de déni quand elle est prise la main dans le sac.

Petite, j'étais victime de ce déni, il y avait erreur sur l'identité de la coupable et je finissais par me laisser convaincre d'avoir commis des fautes que je n'avais pas faites. Elle m'attribuait ses mauvaises pensées. Il fallait bien qu'elle les dépose quelque part puisqu'elle était parfaite. J'étais livrée à elle. Le moindre recoin de mon espace était occupé, sans possibilité de pourparlers dans un autre lieu. Ma Résistance s'épuisait, j'étais mise à mal.

A dix-huit ans, je suis parvenue à passer en zone libre, mais je revenais parfois, soutenir mon petit frère en lutte et en survie. Il existait aussi une guerre invisible, plus sournoise, une guerre de fonds marins où la pieuvre déployait ses tentacules pour s'emparer de moi et absorber ma substance. Tous les moyens étaient bons : il y avait dans ses lettres *le postulat caché que je l'aimais*. *La guerre sournoise qu'elle me livrait était une attaque de ma pensée. J'aimais mal, mais j'aimais.* La question ne se posait pas. J'aimais, car une fille aime sa mère. Je devais aimer sans condition cette mère qui était merveilleuse, c'était dit et écrit par mon père.

J'ai ramé à contre-courant pendant si longtemps, j'ai atteint un rivage tranquille, à une certaine distance. Ce furent des années plutôt harmonieuses, assises sur les liens qu'ils avaient avec leurs petits-enfants, car ils étaient des grands-parents aimants, vivants, chaleureux. Le reste, ce qui avait constitué mon existence, ma relation avec eux, était mis de côté. Mis de côté.

Il y eut quelque vingt ans de sérénité relative, des escarmouches, toujours douloureuses, ne manquaient jamais d'éclater, mais elles restaient aux frontières et ne mettaient pas vraiment en péril l'équilibre familial. En 1996, ils ont fêté leurs noces d'or et se sont retrouvés à l'église comme deux jeunes mariés, toute l'assemblée des enfants et petits-enfants derrière eux. Nous avions refusé de nous associer à eux comme ils nous l'avaient demandé, c'étaient en effet nos vingt-cinq ans de mariage. Ce refus fut à l'origine de quelques représailles, mais qui restèrent dans le domaine privé. Ce fut l'année de la séparation de Marco et d'Olivia puis au début des années 2000, le corps de mon père se mit à trembler : il démarrait une maladie de Parkinson. Les jours heureux étaient terminés.

Ma mère a déployé toute son énergie pour l'accompagner jusqu'à sa rencontre avec Dieu, un dimanche de février de l'année 2005.

Puis elle s'est installée dans son veuvage, devenant dépendante au fil des années, délégant à ses enfants la charge de son existence, jusque dans ses moindres détails désormais.

Je me retrouve dans la position folle de la personne de confiance d'une mère belliqueuse, d'une mère dont j'ai toujours été l'adversaire, d'une mère qui recrée les frontières à son gré. Je suis celle qui la connais le mieux, mais ma connaissance a des limites. En réalité, je ne sais pas qui elle est.

Quand nous repartons, au bout d'une semaine intense et laborieuse, elle nous remercie vivement d'être venus. De quoi nous remercie-t-elle ?

Alors que j'ai été d'une indifférence totale à son égard, me contentant de faire les choses et que Marius lui a envoyé quelques réflexions déplaisantes tout en bricolant dans sa maison. Sans doute nous remercie-t-elle pour *ce qu'on a fait.* Alors qu'autrefois, ce qu'on était et ce qu'on faisait était mis dans le même sac du tout ou rien. Aurait-elle appris à faire la part des choses ? Redoute-t-elle qu'on arrête d'effectuer les actes et les démarches, tout ce qui permet son maintien à domicile, si elle nous contrarie ? Elle est peut-être aussi capable de sincérité ? Mais comment savoir ?

Comme elle me semblait plus confuse, diminuée, j'avais demandé une nouvelle évaluation de ses fonctions cognitives lors de laquelle elle se montra étonnamment performante. Elle est sortie triomphante de cet entretien.

Certaines remarques me sont rapportées : l'infirmière qui passe se demande pourquoi nous ne l'avons pas rapprochée de nous. Celle des urgences où elle a fait un bref passage récemment s'est indignée de ce que cette vieille femme vive toute seule chez elle.

Ces remarques me brûlent. J'aurais tellement aimé qu'il en soit autrement. J'aurais tellement aimé qu'il y ait un tiers entre nous. *Le tiers qui a toujours fait défaut.*

Depuis le jour de notre rencontre, Marius m'a apporté son inconditionnel soutien dans ce combat sans fin qui m'oppose à elle. Il est lui-même un guerrier. Contrairement à moi qui suis une Résistante. Il est à l'aise dans les joutes où il défend face à ma mère les couleurs de mon altérité.

Il y a cinq ans, j'ai pris congé de mes voyageurs. Après avoir mené des expéditions dans les forêts, les montagnes, les océans, parfois les déserts des mots des autres, des mots couleur de larmes, couleur de feu, couleur d'espoir, des mots qui étaient des pièces uniques. J'ai pris congé pour rentrer chez moi. J'ai pris congé pour me retrouver dans un monde où mes mots seraient à l'honneur, auraient la priorité que faute de temps, je n'avais pas pu leur donner même s'ils n'étaient pas absents. Ils se voulaient mots-lumière dans la forêt des mots obscurs et enchevêtrés. Mes mots à moi étaient souvent des visiteurs nocturnes, clandestins, presque, puisqu'ils disparaissaient dans des strates de feuilles et de cahiers empilés. Je leur donne maintenant droit de cité.

Le jour tombe sur Saint-Jean. Je remonte l'avenue Michel Texier, bordée de maisons et de demeures. Ce sont les mêmes pierres dont il m'arrive de caresser la rugosité ou la douceur en passant, les mêmes trottoirs, trop étroits, que j'ai foulés des milliers de fois.

Depuis bien longtemps, le buisson ardent qui nous abrita quelque temps, Bruno et moi, jusqu'au soir où il nous fut ravi par un autre couple d'amoureux, a laissé la place à un petit parking.

Je passe devant mon école et des souvenirs se réveillent et surgissent. J'y ai été heureuse, car c'était un monde qui échappait à ma mère, un monde où je passais beaucoup de temps, peuplé de personnes plutôt bienveillantes, à l'exception de notre illuminé d'aumônier qui voyait le diable. C'était le monde de mes amitiés. C'était le monde du jour qui m'arrachait quelque temps à celui des Ténèbres.

L'avenue du Port mène à la Boutonne et se poursuit vers Les Granges par une route bordée de fiers peupliers.

Des deux côtés de cette route s'étendaient des champs marécageux parcourus par de tout petits bras de la rivière, fascinants et inquiétants, car dans leurs hautes herbes, ils abritaient des vipères. L'endroit a été assaini, asséché et a perdu de son mystère. Il est devenu une plaine de jeux et de ce côté de la Boutonne, on a aménagé une pièce d'eau. Une nouvelle piscine avec toboggan et bassins couverts a été construite non loin de là. La piscine de mon enfance, en haut du portail de laquelle on pouvait lire Piscine Olympique a été abandonnée à la nature, à un autre bout de la ville. J'y ai emmené mes enfants quand ils étaient petits.

Je connaissais chaque maison de l'avenue du Port où nous avons vécu si longtemps. J'avais mes entrées dans certaines d'entre elles. Mon havre, c'était la maison des Perrin qui abritait trois générations, la grand-mère, veuve, ses filles Andrée et Yvonne, restées célibataires, et Guitte, séparée de son mari et mère de deux enfants, Marie-France, que je considérais comme ma grande sœur et son frère Jean-Marie, de mon âge. Ces femmes, extrêmement croyantes et pratiquantes, m'accueillaient toujours avec une grande gentillesse.

Du même côté, un peu plus haut, se trouvait la maison de Madame Laurent, face à l'entrée de l'hôpital, une demeure dont elle louait quelques pièces. Nous y avons passé quatre années. Vincent y a fait ses premiers pas et c'est là que ma grand-mère Angèle est décédée.

Et puis les pavillons jumeaux, attribués au directeur et à l'économe de l'hôpital, sont sortis de terre et nous ont hébergés pendant six ans. Ils ont été démolis l'an dernier et avec eux les traces d'un passé douloureux vécu entre leurs murs qui absorbèrent tellement de larmes et de douleurs qu'ils auraient pu d'effriter. C'est qu'ils n'étaient pas de pierre comme les anciennes demeures de la ville. Les pierres traversent le temps, elles sont pérennes, immuables, ne font jamais défaut, je les retrouve dans mes déambulations. Je leur prête une grande bienveillance, elles accueillent mes désillusions comme elles accueillaient mon désespoir d'enfant.

Plus bas, les berges de la Boutonne où je poussais le landau de mon petit frère, ont été bien arrangées, les maisons le long du quai, rénovées, mais ce sont les mêmes et un camping accueillant a vu le jour dans le sous-bois.

Les relations d'autrefois n'existent plus, perdues de vue ou parties pour toujours. Elles ont été remplacées par de belles amitiés qui adoucissent nos séjours dans la ville, même si au numéro trente-neuf d'une certaine rue, réside une redoutable guerrière.

Imprimé en Allemagne
Achevé d'imprimer en octobre 2023
Dépôt légal : octobre 2023

Pour

Le Lys Bleu Éditions
40, rue du Louvre
75001 Paris

www.ingramcontent.com/pod-product-compliance
Lightning Source LLC
Chambersburg PA
CBHW062342010826
49168CB00024B/225

* 9 7 9 1 0 4 2 2 0 9 7 9 7 *